轻松汉语
——中级汉语听力（下册）

主　　编　　王尧美
编　　著　　王尧美　连　佳　吕艳辉
　　　　　　马　超　季青峰
英语翻译　　周　娜
韩语翻译　　苏淑姬

图书在版编目（CIP）数据

轻松汉语：中级汉语听力（下册）/ 王尧美主编. —北京：北京大学出版社，2010.1
（北大版长期进修汉语教材）

ISBN 978-7-301-16553-9

Ⅰ. 轻… Ⅱ. 王… Ⅲ. 汉语–听学教学–对外汉语教学–教材 Ⅳ. H195.4

中国版本图书馆CIP数据核字（2009）第234372号

书　　　　名：	轻松汉语——中级汉语听力（下册）
著 作 责 任 者：	王尧美　主编
责 任 编 辑：	贾鸿杰
标 准 书 号：	ISBN 978-7-301-16553-9/H·2408
出 版 发 行：	北京大学出版社
地　　　　址：	北京市海淀区成府路205号 100871
网　　　　址：	http://www.pup.cn
电　　　　话：	邮购部 62752015　发行部 62750672　编辑部 62752028　出版部 62754962
电 子 信 箱：	zpup@pup.pku.edu.cn
印 刷 者：	北京大学印刷厂
经 销 者：	新华书店
	787毫米×1092毫米　16开本　16.25印张　312千字
	2010年1月第1版　2010年1月第1次印刷
印　　　　数：	0001~3000册
定　　　　价：	52.00元（含MP3盘1张）

未经许可，不得以任何方式复制或抄袭本书之部分或全部内容。
版权所有，侵权必究

举报电话：010-62752024
电子信箱：fd@pup.pku.edu.cn

前　言

　　本人2002年在韩国工作期间，为完成国家汉办的调研项目，对韩国十几所大学的中文教材做了广泛深入的调查，回国后又对国内市场上的对外汉语教学的教材做了比较细致的研究，发现与《高等学校外国留学生汉语教学大纲》（简称《大纲》，北京语言文化大学出版社2002年版）配套的比较合适的教材较少。《轻松汉语》这套教材是完全依据《大纲》而编写的。

　　《轻松汉语——中级汉语听力》是以培养学习者的汉语交际能力为目标，既可以用于长期教学，也可以用于短期教学。教学对象为汉语中级阶段的学习者。教材分上、下两册，每册20课，共40课。可供每周6~8学时，每学期18~20周的课堂教学使用一个学年。

　　课文内容取材于真实的交际环境，涉及的生活面较广，从不同的侧面展现中国的社会生活。所选用的词语、句式契合留学生的实际需要，课堂上学过的，马上就可以在生活中使用。

　　词汇、语言点紧扣国家汉办《大纲》。每一课的中心话题都依据《大纲》的交际项目而编写。

　　课文由一段对话和一段短文构成。内容包括社会交往、点菜吃饭、寻医问药、参观旅游等，涵盖《大纲》中的中等交际项目的功能项目。课文内容主要是自己编写和改编自报刊的真实素材相结合。在练习的设计上，力求体现第二语言学习的习得规律。共分两类：第一类练习与课文有关，着重考查学习者对课文内容的理解和掌握；第二类练习设计是HSK模拟题，所以这套听力教材的HSK模拟题也可作为汉语水平考试的练习题。

　　本套教材的编写人员都是在对外汉语教学第一线工作多年的高校教师。他们在教学实践中积累了丰富的教学经验，又有相当深厚的理论修养。他们主持或承担了许多重要的科研项目,并承担过多种对外汉语教材的编写工作。

在本套教材将要付梓之际,我们要向北京大学出版社汉语编辑部主任沈浦娜、责任编辑贾鸿杰老师表示衷心的感谢,在编写过程中,她们给了我们很多的建议和鼓励,感谢她们为这套教材顺利出版所付出的心血和汗水。

在这里,我们还要感谢山东大学国际教育学院的领导和同事的支持,感谢那些在教材试用时给我们提过建议的外国留学生和汉语老师,最后,我们还要感谢一直支持我们的家人。

王尧美

山东大学国际教育学院

目 录

课 文		练习	录音文本及答案
第 一 课	学习汉语的经历	1	111
第 二 课	到老师家做客	6	117
第 三 课	请求帮助	11	123
第 四 课	打不打针?	17	129
第 五 课	请你陪我买手机	22	135
第 六 课	我的生活离不开网络	27	141
第 七 课	谈论饮食	32	147
第 八 课	关于身心健康	38	153
第 九 课	婚恋家庭	44	159
第 十 课	今天来了一位漂亮的新老师	50	165
第十一课	我想订牛奶	56	171
第十二课	业余生活	61	177
第十三课	你打算自己去还是跟旅行团一起去?	66	183
第十四课	汉语里的文化	72	188
第十五课	速冻水饺怎么吃?	77	194
第十六课	你听说过职业规划师吗?	82	200
第十七课	我们坐火车出行	88	206
第十八课	看京剧	94	213
第十九课	我们都来保护环境	100	219
第二十课	啤酒节有什么好看的?	106	225
词汇总表			231

第一课　学习汉语的经历

生词

1.	选修	（动）	xuǎnxiū	take a selective course	선택과목으로 이수하다
2.	收音机	（名）	shōuyīnjī	radio	라디오
3.	满足	（动）	mǎnzú	satisfy	만족하다
4.	珍惜	（动）	zhēnxī	cherish	소중히 여기다
5.	怀念	（动）	huáiniàn	yearn; cherish the memory of	그리워하다
6.	度过	（动）	dùguò	spend; live through	보내다
7.	忙碌	（形）	mánglù	busy	바쁘다
8.	熬夜		áo yè	stay up late at night	밤샘하다
9.	养	（动）	yǎng	raise; grow	기르다
10.	制订	（动）	zhìdìng	set down; establish	(계획) 세우다
11.	争取	（动）	zhēngqǔ	try for; strive for	얻다, 획득하다
12.	火锅	（名）	huǒguō	chafing dish	샤브샤브
13.	组织	（动）	zǔzhī	organize	조직하다
14.	隔	（动）	gé	seperate	간격을 두다
15.	亲切	（形）	qīnqiè	kind; hospitable	친근하다

第一部分 以下是根据第一段课文的问题

一、请仔细听课文录音，然后判断下列句子是否正确

1. 金相宇以前自己一个人来中国旅游过。（　）
2. 金相宇从高中开始学习汉语。（　）
3. 韩国的初中生每个人都要选修一门除英语以外的第二外语。（　）
4. 来中国之前，金相宇一点儿汉语都不会说。（　）
5. 张老师夸奖金相宇的汉字写得好。（　）
6. 现在到中国学习汉语的韩国人在国内都上过汉语学校。（　）
7. 很多学习汉语的韩国人希望有机会能到中国来看看。（　）
8. 在张老师当年学习外语的时候，录音机在学生中已经很普遍。（　）
9. 在韩国教授汉语的方法和在中国的很不同。（　）
10. 上次金相宇和他的家人来中国旅游的时候，由于语言不通，他们遇到了很多的麻烦。（　）

二、请再仔细听一遍课文录音，然后根据课文内容选择正确答案

1. A.爸爸妈妈
   B.哥哥和妹妹
   C.爸爸妈妈和弟弟
   D.爸爸妈妈和妹妹

2. A.俄语
   B.英语
   C.法语
   D.日语

3. A.外国朋友
   B.好的老师
   C.语言环境
   D.正确的学习方法

4. A.学费更加便宜
   B.学习氛围更浓
   C.有更多的机会练习
   D.可以和中国人交朋友

5. A.和以前差不多
   B.越来越感兴趣
   C.有了很大的进步
   D.掌握了更多的学习方法

6. A.教他们学习汉语
   B.带着他们到学校看看
   C.展示自己的汉语水平
   D.把中国朋友介绍给他们

7. A.学习很努力
   B.有一定的汉语基础
   C.旅游的同时学习汉语
   D.学汉语只是为了旅游

三、听完录音以后，请同学们自由讨论下面的两个问题

1.简单谈谈你学习汉语的经历。
2.你觉得学汉语最好的方法是什么？

第二部分　以下是根据第二段课文的问题

一、请仔细听课文录音，然后判断下列句子是否正确

1.写信的时间，正是假期刚刚结束，新学期开学的时候。（　）
2.慧莲每天都过得很轻松、很快乐。（　）
3.慧莲这个学期的课比上个学期的多，有十六节。（　）
4.每天慧莲只有上午有课，下午没有课。（　）
5.妈妈以前经常对慧莲说，要早睡早起。（　）
6.慧莲计划每天背五十个汉语生词。（　）
7.现在慧莲已经习惯吃中国菜了，而且能吃香菜了。（　）
8.慧莲和朋友们在宿舍做了一次火锅。（　）
9.这个假期慧莲想和朋友们一起去西安旅游。（　）
10.在这封信中，慧莲还寄去了去青岛旅游的照片。（　）

二、请再仔细听一遍课文录音，然后根据课文内容选择正确答案

1. A.两周
   B.一年
   C.不到一周
   D.一个多月

2. A.高级班
   B.中级班
   C.初级班
   D.零起点

3. A.失眠
   B.熬夜学习
   C.参加朋友的聚会
   D.看电影而睡得太晚

4. A.买辅导书
   B.每天去上课
   C.提早开始准备
   D.制订学习计划

5．A．每周至少四次
　　B．从周一到周五
　　C．每天上晚自习
　　D．有时间去，没有时间不去

6．A．不太运动
　　B．爱吃甜的东西
　　C．每天吃得又好又多
　　D．每天都坐着学习很长时间

7．A．一周
　　B．五天
　　C．一个月
　　D．大半个月

8．A．每周
　　B．每隔一周
　　C．每半个学期
　　D．时间不固定

9．A．上网不方便
　　B．很有亲切感
　　C．打长途电话太贵
　　D．可以把照片一起寄回家

10．A．会做饭
　　B．学习很认真
　　C．做事情有计划
　　D．每天都睡得很晚

三、听完录音以后，请同学们自由讨论下面的两个问题

1．平时你怎么和国内的家人和朋友联系？
2．说说你新学期的生活。

第三部分　ＨＳＫ模拟练习题

一、听下列句子，选择正确答案

1．A．安娜
　　B．罗伯特
　　C．两个人的口语一样好
　　D．两个人的口语都不好

2．A．不满
　　B．怀疑
　　C．羡慕
　　D．轻视

3．A．书店
　　B．老师家
　　C．图书馆
　　D．同学宿舍

4．A．复习
　　B．考试
　　C．看电影
　　D．出去玩

5．A．不去听报告
　　B．自己骑车去
　　C．坐公交车去
　　D．坐出租车去

6．A．刚考过不久
　　B．只学习了一课
　　C．他不希望考试
　　D．老师没有说要考试

7. A.学习
　　B.考试
　　C.喝酒
　　D.看电影

8. A.我的
　　B.小王的
　　C.小张的
　　D.小刘的

9. A.上课
　　B.打球
　　C.自习
　　D.和同学聊天

10. A.买书太贵
　　B.借书太麻烦
　　C.他很喜欢买书
　　D.图书馆很有用

二、听下列对话，选择正确答案

1. A.武术
　　B.书法
　　C.太极拳
　　D.电影欣赏

2. A.着急
　　B.耐心
　　C.生气
　　D.担心

3. A.头疼
　　B.感冒了
　　C.脚受伤了
　　D.肚子不舒服

4. A.没有来
　　B.这个星期要来
　　C.来了，又走了
　　D.上星期五来的

5. A.油费太贵
　　B.养路费太多
　　C.保险费不便宜
　　D.买车手续太复杂

6. A.他喜欢穿大衣
　　B.这件大衣并不贵
　　C.他的衣服都很贵
　　D.他不爱穿漂亮的衣服

7. A.教室
　　B.办公室
　　C.会议室
　　D.复印室

8. A.气候
　　B.时差
　　C.饮食
　　D.语言

9. A.跑步
　　B.游泳
　　C.减肥
　　D.照镜子

10. A.朋友
　　B.同事
　　C.师生
　　D.夫妻

第二课　到老师家做客

生词

1.	喜气洋洋		xǐqìyángyáng	immersed in a jaunty atmosphere	즐거움이 충만하다
2.	灯笼	（名）	dēnglong	lantern	초롱
3.	装饰	（动、名）	zhuāngshì	decorate; decoration	장식(하다)
4.	中式	（形）	zhōngshì	Chinese style	중국풍의
5.	混血儿	（名）	hùnxuè'ér	mixed blood	혼혈의
6.	忙活	（动）	mánghuo	be busy with work	분주하게 일하다
7.	除夕	（名）	chúxī	New Year's eve	섣달 그믐날
8.	礼仪	（名）	lǐyí	etiquette; ceremony	예절, 예의
9.	步骤	（名）	bùzhòu	step; process	절차, 단계
10.	联络	（动）	liánluò	connect	연락하다, (우정) 깊게 하다
11.	预约	（动）	yùyuē	make an appointment	예약하다
12.	不速之客		búsùzhīkè	uninvited guest	불청객
13.	通信	（动）	tōngxìn	communicate	통신
14.	设备	（名）	shèbèi	equipment; facility	설비, 시설
15.	介意	（动）	jièyì	mind	마음에 두다, 개의하다
16.	业务	（名）	yèwù	business; transaction	업무
17.	周全	（形）	zhōuquán	complete; entire	완전하다, 빈틈없다
18.	周密	（形）	zhōumì	careful; thorough	주도면밀하다
19.	徘徊	（动）	páihuái	hesitate; wander	배회하다
20.	有效	（动）	yǒuxiào	become effective	효력이 있다
21.	明了	（形）	míngliǎo	clear	명료하다
22.	地位	（名）	dìwèi	position	지위
23.	抽	（动）	chōu	spare (some time)	(시간등을) 빼다

24.	瞬间	（名）	shùnjiān	a minute; a moment	순간
25.	简明扼要		jiǎnmíng'èyào	be brief and hit the point	간단명료하면서도 요점이 있다
26.	充实	（形）	chōngshí	sufficient;rich	충실하다
27.	缩短	（动）	suōduǎn	shorten; abridge	단축하다
28.	效率	（名）	xiàolǜ	efficiency	효율
29.	肯	（助动）	kěn	would like to	기꺼이 하다
30.	试探	（动）	shìtàn	attempt; try	(상대의 의사, 반응)떠보다, 알아보다

第一部分 以下是根据第一段课文的问题

一、请仔细听课文录音，然后判断下列句子是否正确

　　1.这段对话发生在玛丽的宿舍。（　）
　　2.这段对话发生在春节前后。（　）
　　3.玛丽买了红衣服，但是没买对联、福字。（　）
　　4.张老师的两个孩子因为在外地工作，所以不能回家过年。（　）
　　5.张老师的孩子今年是通过网络给父母拜年的。（　）
　　6.大卫忘了带来上次借的书，张老师很生气。（　）
　　7.张老师想让玛丽和大卫在家里和他们一起吃饭。（　）

二、请再仔细听一遍课文录音，然后根据课文内容选择正确答案

1. A.吃饭　　　　　　　　2. A.大卫的家
   B.拜年　　　　　　　　　B.她的教室
   C.借书　　　　　　　　　C.她的宿舍
   D.送蛋糕　　　　　　　　D.她英国的家

3. A.完全中式
   B.完全西式
   C.中西风格兼有
   D.没什么特点

4. A.水果和水
   B.糖和水果
   C.茶和水果
   D.蛋糕和咖啡

5. A.回国看妈妈
   B.打电话订蛋糕
   C.上网和妈妈聊天
   D.通过网络送鲜花

6. A.张老师的家
   B.大卫的宿舍
   C.外面的饭店
   D.学校的食堂

三、听完录音以后，请同学们自由讨论下面的两个问题

1.说说你第一次做客的经历。
2.在中国人家里做客和在你们国家做客有什么相同和不同的习惯？

第二部分　以下是根据第二段课文的问题

一、请仔细听课文录音，然后判断下列句子是否正确

1.现在做客拜访已经不是很常见了。（　）
2.拜访之前至少要好好儿考虑两个小时。（　）
3.拜访会谈的时候要用纸笔记下对方的话。（　）
4.为了给对方留下好印象，与有地位的人谈话时要尽量多谈些时间。（　）
5.谈话简明又充实是有效率的体现。（　）
6.如果在预约的时间内没有谈完，可以询问对方是否有时间继续谈话。（　）
7.及时告辞是重视对方宝贵时间的表现。（　）

二、请再仔细听一遍课文录音，然后根据课文内容选择正确答案

1. A.做不速之客
   B.提前打个电话
   C.控制会谈时间
   D.写出自己的计划

2. A.打电话预约
   B.用纸、笔做记录
   C.在门前徘徊两个小时
   D.不要两手空空进入对方的大门

3. A.给对方留下好印象
   B.不浪费别人的时间
   C.对方下次还会抽时间与你会谈
   D.一定不会使会谈时间超出预定的计划

4. A.10分钟
   B.15分钟
   C.20分钟
   D.半个小时

5. A.接着谈完
   B.再谈15分钟
   C.马上停止会谈
   D.看当时情况而定

6. A.商务拜访
   B.看望父母
   C.男女朋友约会
   D.一般朋友聚会

第三部分　ＨＳＫ模拟练习题

一、听下列句子，选择正确答案

1. A.自己不会开车
   B.怕给朋友添麻烦
   C.不知道怎么拒绝朋友
   D.没有人和他一起去朋友家

2. A.不想去
   B.无所谓
   C.非常愿意
   D.想直接拒绝

3. A.他怕你拒绝
   B.他喜欢沉默
   C.他不喜欢别的人
   D.他不想让人知道你被邀请

4. A.下午3:00
   B.下午5:00
   C.早上8:30
   D.中午11:50

5. A.这些地方不能使用手机
   B.这些地方的人不喜欢手机
   C.这些地方要避免手机发出声音
   D.进入这些地方的人不能带手机

6. A.自己要勤于思考
   B.要帮助别人找缺点
   C.不能否定别人的建议
   D.对别人的批评和建议要虚心

7. A.询问领导的意见
   B.委婉地拒绝来访者
   C.请对方另约时间来访
   D.根据情况决定是否会见

8. A.朋友做得对
   B.让他朋友回来
   C.朋友的脾气很好
   D.你应该了解朋友

9. A.聪明不重要
   B.能干很重要
   C.如何做人、做事很重要
   D.家庭条件好的人不会做事

10. A.买书真麻烦
    B.姐姐不来了
    C.买不到书真麻烦
    D.不用姐姐买书了

二、听下列对话，选择正确答案

1. A.房子卖不出去
   B.房子质量不好
   C.销售人员过于热情
   D.销售人员态度冷淡

2. A.上班时间太早
   B.电梯速度太慢
   C.上班时间电梯坏了
   D.上电梯的人不讲秩序

3. A.一样是没有时间
   B.应该合理安排时间
   C.应该抓紧时间工作
   D.不想让女的出去玩儿

4. A.兄妹
   B.夫妻
   C.男女朋友
   D.普通朋友

5. A.现在是周末
   B.老师不能上网
   C.老师还没阅完卷
   D.老师在家没出来

6. A.睡觉
   B.吃早饭
   C.准备早饭
   D.叫女儿起床

7. A.路上堵车
   B.男的迟到了
   C.讨厌去快餐店
   D.男的要借她的车

8. A.她孩子病了
   B.她父亲住院了
   C.她不放心丈夫
   D.她要外出学习

9. A.市场
   B.商店
   C.饭店
   D.办公室

10. A.上班
    B.休息
    C.聊天
    D.学外语

第三课　请求帮助

生词

1.	干脆	（副）	gāncuì	directly	깨끗하게, 차라리
2.	搬	（动）	bān	move; remove	이사하다
3.	孤独	（形）	gūdú	lonely; lonesome	외롭다
4.	合租		hé zū	rent a house with another people	방을 함께 빌리다 (빌리는사람)
5.	开朗	（形）	kāilǎng	extrovert; open	(생각, 성격)명랑하다
6.	因素	（名）	yīnsù	factor	요소, 조건
7.	中介	（名）	zhōngjiè	agency	중개
8.	收取	（动）	shōuqǔ	take	받다
9.	房东	（名）	fángdōng	landlord	집주인
10.	合同	（名）	hétong	contract; agreement	계약(서)
11.	季度	（名）	jìdù	quarter (of a year)	분기
12.	事先	（名）	shìxiān	in advance; beforehand	사전
13.	物业	（名）	wùyè	estate; property	가옥등의 부동산
14.	暖气	（名）	nuǎnqì	central heating	증기 난방장치
15.	承担	（动）	chéngdān	hold	맡다, 책임지다
16.	责任	（名）	zérèn	responsibility	책임
17.	圆溜溜	（形）	yuánliūliū	round	(눈따위가) 똥글똥글한모양
18.	菜市场	（名）	càishìchǎng	food market	야채시장
19.	喧闹	（形）	xuānnào	noisy	떠들썩하다
20.	拥挤	（形）	yōngjǐ	crowded	붐비다, 혼잡하다
21.	收养	（动）	shōuyǎng	adopt	맡아서 기르다
22.	海报栏	（名）	hǎibàolán	poster shed	게시판
23.	不慎		bú shèn	uncarefully; without attention	부주의 하다
24.	流浪	（动）	liúlàng	vagabond; wandering	방랑하다, 떠돌다

练习

第一部分 以下是根据第一段课文的问题

一、请仔细听课文录音，然后判断下列句子是否正确

1. 玫瑰的宿舍不大，有十五六平方米。（ ）
2. 老师觉得如果玫瑰一个人出去住需要考虑许多方面的问题。（ ）
3. 玫瑰想租单间的房子。（ ）
4. 与人合租房子，不会感觉孤独。（ ）
5. 租的房子如果离学校太远的话，会很不方便。（ ）
6. 中介公司一般要收一个季度的房租。（ ）
7. 房客要和中介公司签订租房协议。（ ）
8. 一般而言，房租是一个月一交或一个季度一交。（ ）
9. 老师告诉玫瑰在签订租房合同时需要注意的很多事项。（ ）

二、请再仔细听一遍课文录音，然后根据课文内容选择正确答案

1. A.宾馆
   B.朋友家
   C.学生宿舍
   D.自己租房

2. A.宿舍太小
   B.希望独立生活
   C.要安静的复习环境
   D.同屋的男友经常过来

3. A.不方便
   B.太孤独
   C.不安全
   D.费用太大

4. A.与人合租
   B.自己一个人住
   C.哪种方式都行
   D.还没有考虑好

5. A.留学生
   B.中国朋友
   C.自己熟悉的人
   D.无所谓什么人

6. A.分担房租
   B.共同打扫
   C.一起做饭
   D.练习汉语

7. A.走路一刻钟
   B.不超过1公里
   C.骑车不到15分钟
   D.不到三站的距离

8. A.通过朋友介绍
   B.询问中介公司
   C.上网浏览租房信息
   D.自己去居民区咨询

9. A.水电费
   B.暖气费
   C.车位费
   D.物业管理费

10. A.中介公司的中介费很便宜
    B.房东和房客绝对不能中途不租
    C.签定租房协议时需要考虑得很周到
    D.房客应该和中介公司、房东一起商量房租

三、听完录音以后，请同学们自由讨论下面的问题

你有过租房的经历吗？如果有，请说说你租房的过程。

第二部分　以下是根据第二段课文的问题

一、请仔细听课文录音，然后判断下列句子是否正确

1. 王丹的妈妈傍晚带奔奔出去散步时奔奔走丢了。（　）
2. 菜市场里人很多，很拥挤。（　）
3. 妈妈在菜市场里转了很久才买好菜。（　）
4. 奔奔丢了以后，王丹全家都很难过。（　）
5. 王丹的家人担心奔奔在街上流浪，没有好心人收留它。（　）
6. 王丹的妈妈想出了张贴寻狗启事的好主意。（　）
7. 在寻狗启事上贴有奔奔的照片。（　）
8. 为了方便联系，在寻狗启事上留下了王丹家的地址。（　）
9. 寻狗启事张贴后第五天，就有好心人和王丹的家人联系了。（　）

二、请再仔细听一遍课文录音，然后根据课文内容选择正确答案

1. A.出生不久
   B.刚刚两个月
   C.两岁多一点
   D.还不到两岁

2. A.非常可爱
   B.跑起来很快
   C.喜欢到处去玩儿
   D.叫起来声音很大

3. A.短短的腿
   B.胖乎乎的身子
   C.圆溜溜的大眼睛
   D.一摇一摆的尾巴

4. A.昨天
   B.前两天
   C.上周日
   D.上星期六

5. A.蔬菜
   B.水果
   C.猪肉
   D.大米

6. A.马上回家告诉其他人
   B.在菜市场里寻找了很久
   C.到处问别人有没有看到奔奔
   D.虽然着急,但什么办法都没有

7. A.菜市场
   B.附近的小区
   C.王丹家所住的小区内
   D.奔奔经常去玩的地方

8. A.两年多
   B.将近半年
   C.刚来不久
   D.一年左右

9. A.表示感谢
   B.赠送礼物
   C.请他吃饭
   D.给一个电话

10. A.王丹找到的
    B.自己回来的
    C.好心人送回来的
    D.不知道

三、听完录音以后,请同学们自由讨论下面的两个问题

1.你养过宠物吗?请描述一下你的宠物。
2.如果你的宠物走丢了,你会想什么样的办法来找它?

第三部分　ＨＳＫ模拟练习题

一、听下列句子,选择正确答案

1. A.名利不重要
   B.名利最重要
   C.身体不重要
   D.身体最重要

2. A."我"
   B.爸爸
   C.妈妈
   D.谁都行

3. A.支持
   B.反对
   C.赞许
   D.沉默

4. A.小张
   B.老赵
   C.张局长
   D.李主任

5. A.家长
   B.老师
   C.会计
   D.教育官员

6. A.认为他年轻
   B.夸奖他很努力
   C.嫉妒他的成功
   D.认为他有前途

7. A.满意
   B.遗憾
   C.兴奋
   D.愤怒

8. A.想去散步
   B.希望休息
   C.吃不下东西
   D.认为国庆节快到了

9. A.他很爱说话
   B.他的性格很内向
   C.他发言的时间太长了
   D.他喜欢在大会上发言

10. A.走得太慢
    B.走得太快
    C.比修以前好多了
    D.现在已经完全坏了

二、听下列对话，选择正确答案

1. A.经理和客户
   B.老板和员工
   C.老师和学生
   D.房东和房客

2. A.跟客户吃
   B.跟她丈夫吃
   C.她自己一个人吃
   D.跟和她说话的男士吃

3. A.男的没有信心
   B.女的要帮助男的
   C.女的要男的说话
   D.男的搬不动这些东西

4. A.摔破了头
   B.觉得问题并不难
   C.认为女的不聪明
   D.觉得女的事先准备了

5. A.谈生意
   B.签合同
   C.存取钱
   D.商量价格

6. A.给他打电话
   B.注意讲礼貌
   C.和长辈说说话
   D.走的时候注意安全

7. A.火车票
   B.飞机票
   C.轮船票
   D.汽车票

8. A.如何减肥
   B.身材好坏
   C.饭量多少
   D.哪种运动最好

9. A.不要太忙
   B.不要计较
   C.重新排队
   D.回去说清楚

10. A.丈夫比妻子矮
    B.妻子不喜欢穿高跟鞋
    C.夫妻俩的关系不太好
    D.妻子不穿高跟鞋更漂亮

第四课　打不打针？

生词

1.	体温	（名）	tǐwēn	body heat; temperature	체온
2.	降	（动）	jiàng	drop; decrease	떨어뜨리다
3.	赶紧	（副）	gǎnjǐn	in a hurry; hurrily	서둘러, 급히
4.	动不动	（副）	dòngbudòng	no matter what happens	걸핏하면
5.	吊瓶	（名）	diàopíng	medicine bottle of fluid used for infusion	링거주사
6.	抵抗力	（名）	dǐkànglì	resistibility	저항력
7.	拖	（动）	tuō	delay; drag	(시간을)끌다, 지연시키다
8.	战胜	（动）	zhànshèng	conquer; overcome	이겨내다, 극복하다
9.	疾病	（名）	jíbìng	illness; disease	질병
10.	观察	（动）	guānchá	observe	관찰하다, 두고보다
11.	要命		yào mìng	extremely	심하다(상황, 상태가 극에달하다)
12.	尽量	（副）	jǐnliàng	to the best of one's abilities	가능한한
13.	化验单	（名）	huàyàndān	test list	화학검사 진료표
14.	呼吸道	（名）	hūxīdào	respiratory tract	호흡기관
15.	感染	（动）	gǎnrǎn	infect	감염 되다
16.	朝代	（名）	cháodài	dynasty	왕조
17.	审美	（名）	shěnměi	taste	심미 - 아름다움을 살펴찾다
18.	气喘吁吁		qìchuǎnxūxū	breathe heavily	숨이가빠서 식식거리다
19.	食欲	（名）	shíyù	appetite	식욕
20.	旺盛	（形）	wàngshèng	blooming; energetic	왕성하다

21.	推荐	（动）	tuījiàn	recommend	추천하다
22.	效果	（名）	xiàoguǒ	effect	효과
23.	活力	（名）	huólì	energy; vitality	활력, 활기
24.	充沛	（形）	chōngpèi	energetic	넘쳐흐르다

专名			PROPER NOUN	고유명사
1.	唐代	Táng Dài	Tang Dynasty	당나라, 당대
2.	杨贵妃	Yáng Guìfēi	Lady Yang (high-ranked imperial concubine)	양귀비, 당 현종의 비

第一部分　以下是根据第一段课文的问题

一、请仔细听课文录音，然后判断下列句子是否正确

1. 男的认为女的对孩子的病不在意。（　）
2. 女的经常带孩子去医院。（　）
3. 孩子的主要症状是发烧，但是不咳嗽。（　）
4. 孩子还不会用语言表达自己的感受。（　）
5. 女的认为男的太胖了，应该去医院。（　）
6. 父亲不希望给孩子打点滴。（　）
7. 孩子的病是流行性的呼吸道感染。（　）
8. 医生的建议是长时间吃药。（　）

二、请再仔细听一遍课文录音，然后根据课文内容选择正确答案

1. A. 怕孩子打点滴会疼
   B. 去医院让人很紧张
   C. 去医院会让小病变成大病
   D. 经常打点滴会降低抵抗力

2. A. 精神的作用
   B. 气候的原因
   C. 外界药物的作用
   D. 人体抵抗力的作用

3. A.需要的治疗方法不同
   B.需要的治疗时间不同
   C.孩子不能说出自己的感觉
   D.大人可以自己去医院就诊

4. A.一天
   B.两天
   C.一上午
   D.一下午

5. A.吃药、打针
   B.多喝水、吃药
   C.多喝水、多睡觉
   D.房间消毒、避免外出

6. A.体温超过40度
   B.体温超过39度
   C.发烧超过一天且吃药不见效
   D.发烧超过两天且吃药不见效

三、听完录音以后，请同学们自由讨论下面的问题

你认为生病了应该怎么做？

第二部分　以下是根据第二段课文的问题

一、请仔细听课文录音，然后判断下列句子是否正确

1. 不同时代的人对肥胖的理解大体相同。（　）
2. 现在越来越多的人认为自己不够苗条。（　）
3. 高于标准体重即是肥胖。（　）
4. 男人和女人的肥胖标准并不完全相同。（　）
5. 作者认为过于懒惰的人通常比较胖。（　）
6. 食欲旺盛的人吃饱了也就不想吃了。（　）
7. 运动减肥比节食减肥有效。（　）
8. 跑步重要的是速度和长度，不能跑得太慢、太短。（　）

二、请再仔细听一遍课文录音，然后根据课文内容选择正确答案

1. A.唐代
   B.宋代
   C.清代
   D.近代

2. A.65公斤
   B.60公斤
   C.55公斤
   D.50公斤

3. A.懒惰的人
   B.慢性子的人
   C.过于乐观的人
   D.不爱运动的人

4. A.最少一公里
   B.最少两公里
   C.最少四公里
   D.最少五公里

5. A.慢慢地跑
   B.一定要出汗
   C.保持较快的速度
   D.每天都跑一样的长度

6. A.节省交通费用
   B.提高工作效率
   C.保持乐观心情
   D.使自己充满活力

三、听完录音以后，请同学们自由讨论下面的两个问题

1. 你认为应该如何保持健康？
2. 谈谈你和你周围的人对肥胖和减肥的理解。

第三部分　ＨＳＫ模拟练习题

一、听下列句子，选择正确答案

1. A.赞成
   B.漠视
   C.反对
   D.同情

2. A.一星期前就好了
   B.比吃药前更厉害了
   C.比吃药前好一点儿了
   D.再过一个星期就会好了

3. A.肾病
   B.失眠
   C.小感冒
   D.肠胃不好

4. A.农民
   B.运动员
   C.建筑工人
   D.办公室工作人员

5. A.多饮水
   B.简单化妆
   C.不用化妆品
   D.用优质护肤品

6. A.为了减肥
   B.电梯坏了
   C.陪孩子锻炼
   D.爱人的要求

7. A.广告的作用
   B.价格的原因
   C.天气的原因
   D.喜欢运动的人多了

8. A.喝一些热水
   B.做准备活动
   C.开一会儿车
   D.确定锻炼目标

9. A.要勤洗澡
　　B.要努力工作
　　C.运动有很多好处
　　D.要保证充足的睡眠

10. A.食物要多样化
　　B.生病不可避免
　　C.多吃饭防止生病
　　D.身体各个部位都可能生病

二、听下列对话，选择正确答案

1. A.早上起得太早
　　B.不能回宿舍休息
　　C.吃了感冒药的原因
　　D.趴桌子上睡觉不舒服

2. A.医院
　　B.药店
　　C.书店
　　D.健身房

3. A.建议大家多运动
　　B.建议少去社区医院
　　C.选择合适的医院看病
　　D.现在去大医院看病并不难

4. A.孩子智商太低
　　B.减肥的人智商低
　　C.怕影响孩子学习
　　D.不想她买漂亮的衣服

5. A.非常相信
　　B.有点儿相信
　　C.想要找人问问
　　D.不太相信减肥广告

6. A.饮食不卫生
　　B.饮食不规律
　　C.饮食不科学
　　D.食物太清淡

7. A.很好
　　B.还可以
　　C.不太好
　　D.非常不好

8. A.5个
　　B.10个
　　C.50个
　　D.95个

9. A.反驳对方的玩笑
　　B.使劲儿找对方的缺点
　　C.开玩笑的人很不友好
　　D.变玩笑为减肥的动力

10. A.女的现在很胖了
　　B.男的身材比较胖
　　C.女的的孩子很苗条
　　D.女的已经生孩子了

第五课　请你陪我买手机

生词

1.	电子	（名）	diànzǐ	electron	전자
2.	更新	（动）	gēngxīn	renovate; update	새롭게 바꾸다
3.	翻盖	（名）	fāngài	clamshell (phone)	폴더핸드폰
4.	小巧	（形）	xiǎoqiǎo	artful small and exquisite	작고 깜찍하다
5.	直板	（名）	zhíbǎn	bar (phone)	바형핸드폰
6.	滑盖	（名）	huágài	slide (phone)	슬라이드핸드폰
7.	彩信	（名）	cǎixìn	multimedia message	컬러문자
8.	款	（名）	kuǎn	style	스타일, 양식
9.	型号	（名）	xínghào	pattern	모델, 형
10.	规模	（名）	guīmó	size; scale	규모
11.	左邻右舍		zuǒlín-yòushè	neighbour	인근, 이웃
12.	开张	（动）	kāizhāng	open a business	개업하다, 개점하다
13.	繁荣	（形）	fánróng	booming; flourished	번화하다, 번창하다
14.	经营	（动）	jīngyíng	manage; run	경영하다
15.	认可	（动）	rènkě	ratify; certificate	인정하다
16.	促销	（动）	cùxiāo	promote the sale	판촉하다
17.	尴尬	（形）	gāngà	awkward; embarrassed	곤란하다, 난처하다
18.	境地	（名）	jìngdì	condition; circumstances	지경, 상황
19.	拯救	（动）	zhěngjiù	save	구하다, 구제하다
20.	献	（动）	xiàn	dedicate; offer	나타내다, 보이다
21.	持	（动）	chí	hold; have	견지하다, 지속하다
22.	怀疑	（动）	huáiyí	doubt	의심을 품다
23.	奖励	（动）	jiǎnglì	encourage	표창하다
24.	铺	（动）	pū	spread; cover	（물건）깔다
25.	将信将疑		jiāngxìnjiāngyí	dubiously	반신반의하다
26.	倾斜	（形）	qīngxié	of slope; of slant	경사지다

27.	察觉	（动）	chájué	be concious of; become aware of	발견하다
28.	交叉	（动）	jiāochā	intersect; cross	교차하다
29.	恍然大悟		huǎngrándàwù	tumble to something	문득 크게 깨달다
30.	感慨	（动）	gǎnkǎi	sigh with emotion	깊이 느끼어 탄식함
31.	起眼	（形）	qǐyǎn	attractive	남의 눈을 끌다
32.	法宝	（名）	fǎbǎo	trump; a magic weapon	유효한 방법, 공구

第一部分　以下是根据第一段课文的问题

一、请仔细听课文录音，然后判断下列句子是否正确

1. 王丹答应周日陪金相宇去买手机。（　）
2. 金相宇现在的手机才用了三个多月。（　）
3. 王丹认为直板手机比翻盖手机质量更好。（　）
4. 玫瑰用的是滑盖手机。（　）
5. 王丹上网查了查手机信息，并帮金相宇选中了一款。（　）
6. 金相宇希望手机有彩信功能，但是并不需要拍照功能。（　）
7. 王丹建议金相宇去手机市场买手机。（　）
8. 手机市场经常搞各种有奖销售活动。（　）

二、请再仔细听一遍课文录音，然后根据课文内容选择正确答案

1. A. 她要休息
   B. 她得上课
   C. 她朋友要来
   D. 她要去商场

2. A. 原来的手机丢了
   B. 觉得手机过时了
   C. 送给过生日的朋友
   D. 商场手机正在打折

3. A. 短信
   B. 摄像
   C. 拍照
   D. 上网

4. A. 质量很好
   B. 体形小巧
   C. 辐射很低
   D. 屏幕很大

5. A.银色
   B.黑色
   C.白色
   D.红色

6. A.大型超市
   B.百货商店
   C.二手市场
   D.手机市场

7. A.周六八点
   B.周日八点
   C.周六八点半
   D.周日八点半

8. A.学校大门口
   B.金相宇宿舍
   C.王丹家楼下
   D.留学生宿舍楼下

三、听完录音以后，请同学们自由讨论下面的两个问题

1.你喜欢用什么样的手机？
2.手机给你带来了哪些方便和不便？

第二部分　以下是根据第二段课文的问题

一、请仔细听课文录音，然后判断下列句子是否正确

1.旁边的几家商店和这家店卖的东西很不相同。（　）
2.商店采用有奖促销的方法很有效。（　）
3.重金求购点子的消息发布的最后一天，才有人去献点子。（　）
4.商店外的人行道被铺上了漂亮的地砖。（　）
5.靠外一侧的瓷砖比靠近商店门口的低5厘米。（　）
6.改造完成后的前三天，仍然没有多少顾客光临。（　）
7.顾客们渐渐信任了这家新开的店。（　）
8.高速公路转弯处的倾斜是为了方便司机。（　）

二、请再仔细听一遍课文录音，然后根据课文内容选择正确答案

1. A.商业街
   B.居民区
   C.学校边
   D.车站旁

2. A.商品都太贵了
   B.东西质量不好
   C.公司规模太小
   D.刚开张的缘故

3. A.经营者
   B.保洁员
   C.新闻记者
   D.咨询公司

4. A.商店濒临倒闭
   B.销售渐渐好转
   C.业绩达到顶峰
   D.收支刚达平衡

5. A.售货员
   B.保洁员
   C.营销人员
   D.部门经理

6. A.失望
   B.惊讶
   C.得意
   D.高兴

7. A.保洁员
   B.总经理
   C.导购小姐
   D.斜的地面

8. A.书本知识
   B.他人经验
   C.高速公路
   D.凭空构想

三、听完录音以后，请同学们自由讨论下面的两个问题

1.请谈一谈你听完这则小故事的感受。
2.生活中的小细节是否曾经给过你启发？你有什么收获？

第三部分　HSK模拟练习题

一、听下列句子，选择正确答案

1. A．小王做得很好
   B．小王太辛苦了
   C．他不愿意自己做
   D．他比小王做得更好

2. A.惊喜
   B.怀疑
   C.羡慕
   D.不满

3. A．他迟到了
   B．他正在开车
   C．他犯了一个错误
   D．他等了别人很久

4. A.他生病了
   B.他后天休息
   C.他明天有时间
   D.他不愿意去医院

5. A．自己开车去
   B．走普通公路
   C．走高速公路
   D．走最近的路

6. A.男的没有手机了
   B.男的喜欢用手机
   C.男的新买了手机
   D.男的手机不好用

7. A.他觉得手很贵
   B.手机降价很快
   C.他的手机上周丢了
   D.他的手机才五百块

8. A.打不出电话
   B.收不到短信
   C.照不了照片
   D.常自动关机

9. A.游泳
   B.散步
   C.打球
   D.看书

10. A.他的生活费很低
    B.他吃饭不太花钱
    C.他抱怨话费太高
    D.他没有钱吃饭了

二、听下列对话，选择正确答案

1. A.他很感谢女的
   B.他不需要祝福
   C.他想要生日礼物
   D.他认为祝福太晚

2. A.师生
   B.朋友
   C.同事
   D.夫妻

3. A.他生病了
   B.他熬夜看球
   C.他没看世界杯
   D.他昨晚没睡好

4. A.他看到邮件了
   B.他没有看到邮件
   C.他当时回了邮件
   D.他正忙着发邮件

5. A.男的语气非常地肯定
   B.男的让女的再确认一下
   C.男的给张局长打了电话
   D.女的打了电话给王秘书

6. A.书店
   B.超市
   C.图书馆
   D.二手市场

7. A.他对车不感兴趣
   B.他觉得买车太贵
   C.养车的开销很大
   D.他需要养家糊口

8. A.他生病了
   B.他晕车了
   C.他吃得太饱
   D.他身体很好

9. A.他的手机很好
   B.他不愿意告诉女的
   C.他对自己的手机很不满意
   D.他很不喜欢用手机

10. A.他俩都非常忙
    B.他总出去旅游
    C.他俩总在一起
    D.他俩喜欢聊天

第六课　我的生活离不开网络

生词

1.	指挥	（动）	zhǐhuī	command; direct	지휘하다
2.	士兵	（名）	shìbīng	soldier	병사, 사병
3.	进攻	（动）	jìngōng	attack; aggress	공격하다
4.	基地	（名）	jīdì	base	기지
5.	过瘾		guò yǐn	enjoy sth. to one's heart's content	만족하다, 충족시키다
6.	保证	（动）	bǎozhèng	assure; ensure	보증하다
7.	训练	（动）	xùnliàn	train; educate	훈련하다
8.	打打杀杀		dǎda shāshā	fight	치고받으며 싸우다
9.	土	（形）	tǔ	old-fashioned; out of date	촌스럽다
10.	路线	（名）	lùxiàn	route; way	노선
11.	功能	（名）	gōngnéng	function	기능
12.	下载	（动）	xiàzài	download	다운로드 하다
13.	期刊	（名）	qīkān	periodical	정기간행물
14.	省	（动）	shěng	save; economize	아끼다
15.	划算	（动）	huásuàn	economical; cost-efficient	수지가 맞다
16.	顾名思义		gùmíngsīyì	just as its name implies	글자그대로
17.	支付	（动）	zhīfù	pay	지불하다
18.	储存	（动）	chǔcún	save; store	저장하여 두다
19.	成本	（名）	chéngběn	cost	원가
20.	投诉	（动）	tóusù	appeal	고소하다, 소송하다
21.	姗姗来迟		shānshān láichí	be late	느릿느릿하다, 어슬렁어슬렁걸어오다
22.	迷惑	（形）	míhuò	puzzling; delusive	현혹되다
23.	诱人	（动）	yòurén	attract; lure	사람을 꾀다
24.	馅饼	（名）	xiànbǐng	pie	속이찬 빵
25.	完善	（形）	wánshàn	consummate; perfect	완벽하다

专名	PROPER NOUN		고유명사
1. 卓越	Zhuóyuè	Joyo	추우어왕짠, 중국인터넷 마켓
2. 易趣	Yìqù	Ebay	이춰넷, 미국 인터넷 경매업체의 중국 자회사
3. 淘宝	Táobǎo	Taobao	타오바오, 중국 최대 인터넷마켓

第一部分　以下是根据第一段课文的问题

一、请仔细听课文录音，然后判断下列句子是否正确

　　1.小张经常上网，所以大家都叫他网虫。（　）
　　2.小张是一名将军，经常不让他的士兵吃饭。（　）
　　3.小张玩儿游戏不理女的，女的不高兴了。（　）
　　4.小张想教女的玩儿游戏。（　）
　　5.女的很喜欢玩儿打打杀杀的游戏。（　）
　　6.女的来找小张借有关饮食方面的书。（　）
　　7.小张认为想找兵马俑的资料没有必要借书，上网查查就可以了。（　）
　　8.小张已经习惯了上网，不觉得累。（　）
　　9.小张一整天的时间几乎都花费在网上。（　）
　　10.小张在网络方面了解的不如女的多。（　）

二、请再仔细听一遍课文录音，然后根据课文内容选择正确答案

　　1. A.不吃饭　　　　　　　2. A.天津
　　　 B.不洗脸　　　　　　　　 B.上海
　　　 C.不睡觉　　　　　　　　 C.西安
　　　 D.不理朋友　　　　　　　 D.北京

　　3. A.图片　　　　　　　　4. A.看病
　　　 B.文字介绍　　　　　　　 B.听音乐
　　　 C.使用方法　　　　　　　 C.看电影
　　　 D.附近的路线图　　　　　 D.发邮件

5. A.网上征婚
   B.建立个人空间
   C.网上购物、网上看病
   D.下载文件、音乐、电影

6. A.网上看书要花很多钱
   B.看电脑时间长了会很累
   C.看电脑不能像看杂志那样躺在床上看
   D.网络不能像传统的书一样可以带着到处走

7. A.看书
   B.逛街
   C.玩儿游戏
   D.网上聊天

8. A.师生
   B.母子
   C.朋友
   D.夫妻

三、听完录音以后，请同学们自由讨论下面的两个问题

1.介绍一下自己经常浏览或者喜欢的网站。
2.说说网络给人们的生活带来的方便和不便。

第二部分 以下是根据第二段课文的问题

一、请仔细听课文录音，然后判断下列句子是否正确

1.从名字来看，网上购物的意思就是上网卖东西。（　）
2.相比传统的现金支付，网上支付比较安全。（　）
3.网上购物也需要逛商店，但是可以逛很长时间。（　）
4.网上购物不仅对购物者有好处，对商家也有好处。（　）
5.网上购买的商品质量经常出现问题，但售后服务很好。（　）
6.很多人对网络购物缺乏信任感。（　）
7.卓越、易趣和淘宝等网站是网上购物的不错选择。（　）
8.网上购物的好处十分明显，只是非常不安全。（　）

二、请再仔细听一遍课文录音，然后根据课文内容选择正确答案

1. A.购物时间不受限制
   B.商品价格比较便宜
   C.能买到本地没有的商品
   D.网上付款是最安全的付款方式

2. A.售后服务不完善
   B.付款后不能按时交货
   C.付款后却没有收到商品
   D.付款很长时间后，订购的东西才到

3. A.多关注各种广告信息
   B.选择商品齐全的网站
   C.选择最省钱的付款方式
   D.选择有完善的售后服务的商品

4. A.使用银行卡很方便
   B.使用银行卡很安全
   C.用银行卡付款可以打折
   D.用银行卡交易受法律保护

5. A.反对网络购物
   B.支持网络购物
   C.对网络购物不信任
   D.对网络购物很反感

6. A.网上购物弊大于利
   B.网上购物有利有弊
   C.网上购物存在安全问题
   D.只要多注意，网上购物比较安全

三、听完录音以后，请同学们自由讨论下面的两个问题

1. 辩论：网上购物利大于弊还是弊大于利。
2. 你是否有网上购物的经历？你认为网上购物应注意什么？

第三部分　ＨＳＫ模拟练习题

一、听下列句子，选择正确答案

1. A.网上正在卖剑
   B.网络也是一种武器
   C.网络有好处也有坏处
   D.从网络上可以看到剑

2. A.电脑出了故障
   B.男的喜欢电脑
   C.男的在搞研究
   D.男的买了新电脑

3. A.网吧的门五颜六色
   B.中学生都喜欢旷课
   C.网络也有负面影响
   D.人的好奇心五花八门

4. A.网络有很多好处
   B.传统方式很虚拟
   C.传统生活没有问题
   D.可以在网络上游泳

5. A.人们总是被迷惑
   B.网上有很多乐谱
   C.购物时不要看广告
   D.不能盲目地网上购物

6. A."我"不想告诉你
   B."我"马上告诉你
   C."我"先去网上查答案
   D.你转过头"我"就告诉你

7. A.称赞对方
   B.鼓励对方
   C.责备对方
   D.安慰对方

8. A.我没注册成功
   B.在网站上注册很容易
   C.该网站很难注册成功
   D.短时间就可以注册好

9. A.人们喜欢网上购物
   B.网上购物受人轻视
   C.网上购物受人关注
   D.人们爱看网上的商品

10. A.网上有很多金子
    B.网上的东西都很贵
    C.网上的商品都是宝贝
    D.网上能淘到好东西

二、听下列对话，选择正确答案

1. A.男的无所不知
   B.本地买不到商品
   C.网上购物快捷方便
   D.网上购物也得去商场

2. A.男的不想买书
   B.男的在书店买到了书
   C.女的是书店的工作人员
   D.女的告诉男的可以在网上买书

3. A.男的声音不好听
   B.男的网恋成功了
   C.女的明天要见网友
   D.男的泼了女的一身水

4. A.男女朋友
   B.老师和学生
   C.老板和员工
   D.作者和编辑

5. A.晚上上网不好
   B.男的很了不起
   C.男的眼光很差
   D.上网时间不能过长

6. A.男的改变主意了
   B.这部电影不好看
   C.今天的网速很慢
   D.女的想看看网速

7. A.男的知道这个网站
   B.男的喜欢这个网站
   C.男的担心没人知道
   D.没几个人知道该网站

8. A.男的喜欢谈论密码
   B.女的第一次忘记密码
   C.女的丢了邮箱的钥匙
   D.女的忘了邮箱的密码

9. A.老李很年轻
   B.老李比男的年轻
   C.老李的年纪不小了
   D.女的不喜欢玩儿游戏

10. A.小王生病了
    B.女的不喜欢提小王
    C.网友对小王不满意
    D.小王对网友不满意

第七课　谈论饮食

生词

1.	注重	（动）	zhùzhòng	pay attention to	중시하다
2.	疲劳	（形）	píláo	tired	지치다, 피로해지다
3.	咨询	（动）	zīxún	consult	자문하다
4.	启示	（名）	qǐshì	inspiration;implication	깨닫게해 알려주다
5.	剧组	（名）	jùzǔ	drama group	영화제작진
6.	承受	（动）	chéngshòu	endure	감당하다
7.	导致	（动）	dǎozhì	lead;result in	(어떤사태를)초래하다
8.	拍摄	（动）	pāishè	screen; shoot	촬영하다
9.	偶尔	（副）	ǒu'ěr	occasionally	이따금
10.	发呆		fā dāi	be in a daze	멍하게 있다
11.	嘈杂	（形）	cáozá	noisy	떠들썩하다, 소란하다
12.	拘束	（形）	jūshù	restrained	어색하다, 딱딱하다
13.	亚健康	（形）	yà-jiànkāng	sub-health	건강을 뒤로하다 -2번째에 두다
14.	缺乏	（动）	quēfá	lack; be short of	모자라다, 결핍되다
15.	固然	（副）	gùrán	no doubt; of course	물론 이지만
16.	费脑筋		fèi nǎojīn	bother one's head about something	골머리를 썩다
17.	通牒	（名）	tōngdié	issue a diplomatic note ultimatum	통첩
18.	热火朝天		rèhuǒcháotiān	fervent;booming	열기에 차다
19.	失态	（形）	shītài	gaffe; malpractice	추태를 부리다
20.	宜	（动）	yí	suit; be right to	적당하다, 적합하다
21.	幽雅	（形）	yōuyǎ	quiet and elegant	그윽하고 품위있다
22.	引	（动）	yǐn	attract	자아내다, 야기하다
23.	争执	（动）	zhēngzhí	quarrel;fight	의견충돌이 일어나다

24.	凶器	(名)	xiōngqì	lethal weapon; weapon used by criminal	흉기
25.	清醒	(形)	qīngxǐng	sober; clear-headed	(머리속)뚜렷하다, 분명하다
26.	谈判	(名)	tánpàn	negotiate	담판
27.	事宜	(名)	shìyí	matters concerned	사무
28.	镇静	(形)	zhènjìng	calm; sedate	냉정하다, 침착하다
29.	致残	(动)	zhìcán	cause deformity/disabilty	불구가 되다
30.	摄氏	(名)	shèshì	celsius	섭씨
31.	摊牌	(动)	tānpái	put one's cards on the table	자신의 패를 상대에게 내보이다
32.	攻击	(动)	gōngjī	attack; aggress	공격하다
33.	借鉴	(动)	jièjiàn	use for reference	참고 하다
34.	甩	(动)	shuǎi	to lose one's love (usually be refused by his/her sweet heart)	차이다
35.	惨	(形)	cǎn	tragic; miserable	비참하다

第一部分　以下是根据第一段课文的问题

一、请仔细听课文录音，然后判断下列句子是否正确

1. 佟大为一直很注重饮食健康。（　）
2. 大部分演员生活都很不规律。（　）
3. 拍戏前，佟大为会谈好工作时间和休息时间。（　）
4. 为了保持健康，佟大为平时经常运动。（　）
5. 实际上，拍《和青春有关的日子》这个电视剧花了快四个月。（　）
6. 佟大为经常和朋友一起泡酒吧。（　）
7. 佟大为认为是他的性格决定了他的爱好。（　）
8. 对演员来说，熬夜有利于生活健康。（　）
9. 如果不减肥的话，晚上可以多吃一点儿。（　）
10. 工作压力太大和缺乏锻炼导致大多数人处于亚健康状态。（　）

二、请再仔细听一遍课文录音，然后根据课文内容选择正确答案

1. A.难过
   B.很高兴
   C.非常累
   D.没关系

2. A.多看杂志
   B.多上网查查
   C.听听别人的建议
   D.可以咨询有关专家

3. A.跑步
   B.打球
   C.跳舞
   D.游泳

4. A.瘦了
   B.睡眠不足
   C.天天泡酒吧
   D.按时完成了拍摄任务

5. A.唱歌
   B.听听音乐
   C.在家里看看电视
   D.和朋友们一起打球

6. A.泡吧
   B.喝酒
   C.熬夜
   D.不吃晚饭

7. A.减肥
   B.喝酒
   C.熬夜
   D.不吃晚饭

8. A.缺乏锻炼对身体没好处
   B.演员大部分时间都在休息
   C.佟大为和这位记者是好朋友
   D.减肥的话，早上最好不要吃饭

三、听完录音以后，请同学们自由讨论下面的两个问题

1.介绍一下自己的饮食习惯，并简要评价一下。
2.为了保持健康，应该怎么做？

第二部分　以下是根据第二段课文的问题

一、请仔细听课文录音，然后判断下列句子是否正确

1.第一次约会选择哪个餐厅和分手时最后的晚餐在哪儿吃,都很让人费脑筋。（　　）
2.如果被人甩了，最好不要去西餐厅吃饭。（　　）
3.分手地点选择在冷饮店会很危险。（　　）
4.在日本，离婚者一般都不愿意让别人知道自己离婚了。（　　）

5. 在离婚典礼上，大家会唱歌来表达幸福甜蜜的心情。（   ）
6. 在离婚典礼上，双方不能互相攻击，不能提起不愉快的经历。（   ）
7. 分手餐厅产生的原因是离婚典礼风行。（   ）
8. 男人在分手餐厅里被人甩，可以不用付账。（   ）

二、请再仔细听一遍课文录音，然后根据课文内容选择正确答案

1. A. 环境很优雅
   B. 利于保持头脑清醒
   C. 如果起了争执，会有很多人来劝
   D. 即使哭了也能找到借口

2. A. 吃西餐时不能说话
   B. 环境优雅，适合分手
   C. 吃饭的工具容易被当成凶器使用
   D. 大声说话也不会引来别人的注意

3. A. 咖啡冷了才好喝
   B. 对方不喜欢喝热的咖啡
   C. 如果被人迎面泼来，不会被烫伤
   D. 可以专心谈论分手的事情

4. A. 退还结婚戒指
   B. 回到大学的餐厅
   C. 公开发请帖、办宴席
   D. 合唱表现离婚后心情的歌曲

5. A. 离婚典礼很浪漫
   B. 分手餐厅适合分手
   C. 离婚者都公开发请帖、办宴席
   D. 即使爱情不在了，也还可以做朋友

6. A. 老板只打八折
   B. 被甩后还要付账
   C. 对方没有人情味
   D. 适龄女老板不喜欢他

三、听完录音以后，请同学们自由讨论下面的两个问题

1. 辩论：分手以后可以做好朋友／分手以后不可以做好朋友。
2. 如果被甩，你最想做的事是什么？

第三部分　HSK模拟练习题

一、听下列句子，选择正确答案

1. A. 常去热闹的场合
   B. 喜欢一个人呆着
   C. 不经常一个人呆着
   D. 尽量多去热闹的地方

2. A. 最喜欢打篮球
   B. 什么都比打篮球好
   C. 没有人对篮球着迷
   D. 什么人都对篮球着迷

3. A.力气很大
   B.喜欢看电影
   C.很喜欢演电影
   D.一看电影就生气

4. A.人很坚强
   B.饭比人重要
   C.不能不吃饭
   D.铁和钢都很重要

5. A.工作时不要吃太饱
   B.吃少了对身体不好
   C.整天工作容易得病
   D.不按时吃饭对身体不好

6. A.他不喜欢做饭
   B.他的手很漂亮
   C.他做饭很好吃
   D.他做饭不好吃

7. A.为了身体健康
   B.怕别人讨厌自己
   C.自己不喜欢胖的人
   D.担心胖了女朋友不喜欢

8. A.其实小高很善良
   B.大家都不喜欢小高
   C.别人很难与小高相处
   D.小高不喜欢和人交往

9. A.那份感情让我后悔
   B.后悔没珍惜那份爱情
   C.后悔爱情没在我面前
   D.难以放弃曾经的友情

10. A.他们上午分手了
    B.他们没在一起吃午饭
    C.他们吃完午饭后分手了
    D.他们在逛超市时分手了

二、听下列对话，选择正确答案

1. A.小王熬夜陪朋友玩儿
   B.小王讨厌朋友找他玩儿
   C.小王昨晚找朋友玩儿了
   D.小王的朋友不好意思

2. A.老王疯了
   B.老王性格很活泼
   C.老王还不到五十岁
   D.老王不喜欢年轻人

3. A.女的不让男的去
   B.女的不喜欢男的
   C.女的要求男的必须去
   D.男的讨厌和人打交道

4. A.他的工作不辛苦
   B.年纪大了换工作很难
   C.他很喜欢现在的工作
   D.他不知道换什么工作

5. A.再喝会醉的
   B.酒的度数很高
   C.女的不喜欢喝酒
   D.男的应该高一些

6. A.喜欢自作主张
   B.不听妻子的话
   C.总是没有意见
   D.表面上很听妻子的话

7. A.最近下雪了
   B.小李的母亲病了
   C.小李正遭受着不幸
   D.女的不喜欢提小李

8. A.难过
   B.高兴
   C.惊讶
   D.生气

9. A.男的不会忘记她的
   B.女的需要一个理由
   C.男的有忘记她的理由
   D.男的担心女的忘了他

10. A.离婚是件好事
    B.不应该轻易离婚
    C.小李要和她丈夫离婚
    D.大家知道小李离婚了

第八课　关于身心健康

生词

1.	项目	（名）	xiàngmù	item; program	사항, 항옥
2.	进展	（动）	jìnzhǎn	progress; get along	진전하다
3.	顺心	（形）	shùnxīn	satisfactory	뜻대로 되다
4.	适当	（形）	shìdàng	proper; appropriate	알맞다, 적당하다
5.	缓解	（动）	huǎnjiě	relieve	완화하다
6.	情绪	（名）	qíngxù	emotion; mood	기분
7.	痛苦	（形）	tòngkǔ	painful; bitter	괴롭다, 고통스럽다
8.	放弃	（动）	fàngqì	quit; give up	포기하다
9.	分析	（动）	fēnxī	analyse	분석하다
10.	十全十美		shíquán-shíměi	beauideal, perfect in every way	완전무결하여 나무랄 데가 없다
11.	稍微	（副）	shāowēi	little; in some sort	다소, 좀
12.	凡事	（副）	fánshì	everything	무슨일이든
13.	失望	（动）	shīwàng	despair; despond	낙담하다, 실망하다
14.	后悔	（形）	hòuhuǐ	regretful	후회하다
15.	陷入	（动）	xiànrù	get into; plunge	(불리한상황에) 빠지다
16.	自责	（动）	zìzé	self-abuse; remorse	자책하다
17.	无能为力		wúnéngwéilì	helpless	무능해서 아무일도 못하다
18.	获得	（动）	huòdé	get; gain	얻다(추상적인 것)
19.	集中	（动）	jízhōng	centralize; focus	집중하다
20.	眼前	（名）	yǎnqián	present; now	눈앞, 현재
21.	放松	（动）	fàngsōng	relax; release	느슨하게하다
22.	顺畅	（形）	shùnchàng	smooth	순조롭다, 막힘이없다
23.	豪华	（形）	háohuá	luxurious	호화롭다
24.	依旧	（副）	yījiù	still; as of old	여전하다

25.	舷窗	（名）	xiánchuāng	porthole	비행기 창문
26.	模拟	（动）	mónǐ	simulate; imitate	모방하다
27.	氛围	（名）	fēnwéi	atmosphere	분위기
28.	倒时差		dǎo shíchā	adjust time difference	시차가 바꾸다
29.	委屈	（形）	wěiqu	unfair	(부당한대우에) 억울해하다
30.	姿势	（名）	zīshì	pose; posture	자세
31.	打盹儿		dǎ dǔnr	nap; have a short sleep	토끼잠을 자다
32.	打鼾	（动）	dǎhān	snore	코를 콜다
33.	毕竟	（副）	bìjìng	after all	비록
34.	撩	（动）	liāo	hold up	걷어올리다, 치켜들다
35.	睿智	（形）	ruìzhì	sagacious	사물을 꿰뚫어보는 지혜
36.	意味	（动）	yìwèi	mean; implicate	의미
37.	单纯	（形）	dānchún	pure; simple	단순하다

第一部分　以下是根据第一段课文的问题

一、请仔细听课文录音，然后判断下列句子是否正确

1. 女的脸色不好仅仅是因为工作压力太大了。（　）
2. 女的最近情绪不好，没有胃口，也很少做运动。（　）
3. 男的觉得工作必须做得十全十美，否则就是对工作不负责任。（　）
4. 女的丢了一个客户只因为她做错了事。（　）
5. 男的认为人应该学会原谅自己，过去的事情就让它过去，不必太过自责。（　）
6. 女的认为每天努力工作就可以了，成功不成功无所谓。（　）
7. 虽然事业上的成功很重要，但过程也很重要，不要总想着成功。（　）
8. 忘掉过去的烦恼，一心做好眼前的事情，感觉才会幸福。（　）
9. 女的心情一直不好，只有休息的时候心情才好一些。（　）
10. 男的认为多到户外走走或找朋友聊天儿是休息的好方法。（　）

二、请再仔细听一遍课文录音，然后根据课文内容选择正确答案

1. A.工作压力大
   B.和丈夫吵架了
   C.孩子贪玩儿，不爱学习
   D.有可能不能按时完成工作

2. A.暴饮暴食
   B.每天做很多运动
   C.多吃巧克力或是甜的东西
   D.适当做运动，合理注意饮食

3. A.接受一些东西
   B.改变一些东西
   C.舍弃一些东西
   D.喜欢一些东西

4. A.不容易原谅自己
   B.家庭生活不幸福
   C.要求工作上十全十美
   D.为工作上的不顺利自责

5. A.要时常为它后悔
   B.要时时刻刻记在心里
   C.过去的就让它过去吧
   D.要不断地反省、不断地自责

6. A.学会休息
   B.一心只想成功
   C.忘记以前的烦恼
   D.总是担心未来

7. A.少工作，多睡觉
   B.躺在沙发上看电视
   C.一边吃零食一边听音乐
   D.有时间多到户外走走，多感

8. A.做事情苛求完美
   B.适当运动、饮食合理
   C.多去户外走走，多和朋友谈心
   D.对已经过去的事情态度要达观

三、听完录音以后，请同学们自由讨论下面的两个问题

1.你在学习或生活中有哪些压力？你平时如何缓解压力？
2.你认为怎样做才有利于身心健康？

第二部分　以下是根据第二段课文的问题

一、请仔细听课文录音，然后判断下列句子是否正确

1.坐飞机从巴黎到东京需要10小时30分钟，行程9500公里。（　）
2."我"坐的是东方航空国际豪华航班的豪华舱。（　）
3."我"需要在长途飞行中倒七个小时的时差。（　）

4."我"在飞机上整整一夜都没睡。（ ）

5.巴黎时间凌晨1点时，窗外一片漆黑。（ ）

6."我"对同伴说："我们丢掉了一个黑夜！"（ ）

7.从巴黎飞往上海黑夜很短，从上海飞往巴黎黑夜则很长。（ ）

二、请再仔细听一遍课文录音，然后根据课文内容选择正确答案

1. A.我长得比较高
   B.经济舱的空间更小
   C.座位之间的距离很窄
   D.我觉得半躺着不太舒服

2. A.为了高空防寒
   B.飞机飞得太高，怕旅客害怕
   C.模拟夜晚的氛围，以利于乘客倒时差
   D.飞机降落时有震动，开着舷窗会引起旅客恐慌

3. A.我和同伴都一夜没睡
   B.时差让黑夜缩短甚至消失
   C.飞机内灯太亮了，像白天一样
   D.黑夜意味着烦恼，我们没有烦恼

4. A.人的生命是一定的
   B.白天和黑夜交替出现
   C.从巴黎到上海会有时差
   D.人可以提高自己的生命质量

5. A.多利用晚上的时间
   B.作者晚上经常失眠
   C.每次从巴黎飞往上海都会丢掉一个黑夜
   D.黑夜意味着烦恼，白天意味着快乐

6. A.倒时差是一件很痛苦的事情
   B.以后多坐从上海到巴黎的飞机
   C.下次从巴黎飞往上海一定要好好儿睡觉
   D.我们可以选择快乐、忘记烦恼

三、听完录音以后，请同学们自由讨论下面的两个问题

1.你坐过飞机吗？你坐飞机时和倒时差时有什么感觉？

2.你经常在日常生活中得到启示吗？如果有，请举例说明。

第三部分　ＨＳＫ模拟练习题

一、听下列句子，选择正确答案

1. A.他最近很开心
   B.他的脸被划伤了
   C.他可能遇到了烦心事
   D.说话人想知道他怎么了

2. A.表示满意
   B.表示劝慰
   C.表示埋怨
   D.表示欣赏

3. A.和丈夫吵架
   B.丢了一个客户
   C.被老板训了一顿
   D.儿子的老师请家长

4. A.听话人很会休息
   B.听话人需要学会休息
   C.多去户外走是一种休息
   D.多去户外走有利于身心健康

5. A.他很喜欢健身
   B.他天天早上6点起床
   C.有人逼他天天6点起床
   D.他不想每天6点去健身

6. A.教师
   B.演员
   C.美容师
   D.健身教练

7. A.小王对人很凶
   B.20多岁当老板有点老
   C.小王很有能力、有才华
   D.20多岁当老板太年轻了

8. A.1:10
   B.0:55
   C.0:30
   D.1:00

9. A.7:20
   B.19:35
   C.19:20
   D.7:35

10. A.他不喜欢坐飞机
    B.他不喜欢倒时差
    C.他总是在倒时差
    D.倒时差的时候会头疼

二、听下列对话，选择正确答案

1. A.她没有熬夜
   B.她不得不熬夜
   C.她喜欢晚上开车
   D.她不知道熬夜不好

2. A.她去减肥了
   B.她没有胃口
   C.她最近睡眠不好
   D.她最近心情不好

3. A.老板指的不是女的
   B.老板真不够意思
   C.女的可能心脏不太好
   D.老板没说你工作不努力

4. A.他在说梦话
   B.他不是最多的
   C.他梦见发奖金了
   D.只有他拿的奖金最多

5. A.他很欣赏女的
   B.女的的要求不太高
   C.女的的要求非常高
   D.他也想做得十全十美

6. A.经理很有能力
   B.经理脾气非常大
   C.经理什么都会干
   D.经理很喜欢数学

7. A.女的很羡慕男的
   B.男的从来不心烦
   C.男的也有很多烦心事
   D.男的心烦但看不出来

8. A.女的很喜欢睡觉
   B.男的平时事特别多
   C.男的睡觉时不能有光
   D.男的遮住眼睛睡不着

9. A.男的在车上睡不着
   B.女的比男的爱睡觉
   C.男的在车上从来不困
   D.坐车睡觉的习惯很好

10. A.欣赏
    B.生气
    C.羡慕
    D.反对

第九课　婚恋家庭

生词

1.	唠叨	（动） láodao	chatter	잔소리하다
2.	影子	（名） yǐngzi	shadow; silhouette	그림자
3.	温柔	（形） wēnróu	soft; gentle	따뜻하고 상냥하다
4.	悲观	（形） bēiguān	pessmistic	비관적이다
5.	稳定	（形） wěndìng	stable	안정하다
6.	幽默感	（名） yōumògǎn	sense of humour	유머감각
7.	培养	（动） péiyǎng	cultivate; culture	키우다
8.	凑合	（动） còuhe	in a concessive way	같이걷다, 함께하다
9.	人品	（名） rénpǐn	character; moral quality	인품
10.	何况	（副） hékuàng	let alone	더군다나
11.	终身大事		zhōngshēn dàshì	a great event for life	일생의 큰일(결혼)
12.	上心		shàng xīn	concerned; regardful	정신을 차리다
13.	大型	（形） dàxíng	of large-scale	대형의
14.	相亲		xiāng qīn	have a blind date	선을보다
15.	操心		cāo xīn	bother; worry about	걱정하다
16.	联手	（动） liánshǒu	unite; associate with	제휴하다, 손을잡다
17.	范围	（名） fànwéi	scale; scope	범위
18.	随机	（形） suíjī	random	무작위의, 임의의
19.	问卷	（名） wènjuàn	questionnaire	설문 조사 하다
20.	比例	（名） bǐlì	portion;rate	비례
21.	占	（动） zhàn	occupy	차지하다
22.	涉及	（动） shèjí	relate to; deal with	관련되다
23.	配偶	（名） pèi'ǒu	mate;spouse	배우자
24.	基础	（名） jīchǔ	base;foundation	기초, 기반
25.	顺境	（名） shùnjìng	well-off condition	좋은환경

26. 逆境	（名）	nìjìng	adversity	역경
27. 负责	（动）	fùzé	take charge; hold the responsibility for	책임을 지다
28. 自律	（形）	zìlǜ	self-disciplined	자율하다, 스스로 단속하다
29. 自觉	（形）	zìjué	self-knowledged; self-conscious	자각하다, 스스로 느끼다
30. 抵御	（动）	dǐyù	resist; withstand	막아내다
31. 诱惑	（动）	yòuhuò	lure; tempt	유혹하다
32. 上得厅堂，下得厨房		shàngde tīngtáng, xiàde chúfáng	be elegant in public and good at cooking	일과 집안일 모두 성공적으로 해내야한다
33. 家境	（名）	jiājìng	family circumstances	생활형편
34. 数据	（名）	shùjù	data	데이터, 통계수치
35. 显示	（动）	xiǎnshì	show; reveal	뚜렷하게 나타내 보이다
36. 奢侈	（形）	shēchǐ	extravagant; luxurious	사치하다
37. 体现	（动）	tǐxiàn	materialize; incarnate	구현하다

第一部分 以下是根据第一段课文的问题

一、请仔细听课文录音，然后判断下列句子是否正确

1. 男的不打算找女朋友了，想一个人过下去。（　）
2. 现在的女孩子很看重男方的物质条件，要有房有车。（　）
3. 女的认为男的在找女朋友方面要乐观。（　）
4. 男的没有女朋友是因为没有人看得上他。（　）
5. 男的认为结婚是一辈子的事情，绝不应该凑合。（　）

6．男的认为最重要的是人品好，两个人性格合适。（　）

7．男的想结婚以后天天去饭店吃饭。（　）

8．姨妈觉得终身大事光只靠她和男孩的妈妈着急是不够的。（　）

9．报纸上有个广告，说下个星期六有一个大型的相亲活动。（　）

10．男的很喜欢相亲这种方式。（　）

二、请再仔细听一遍课文录音，然后根据课文内容选择正确答案

1. A．要善良、温柔
   B．学历必须是研究生
   C．长得好看，身材苗条
   D．有一定的经济条件

2. A．很幽默
   B．有责任心
   C．工作稳定
   D．经济条件非常好

3. A．教师
   B．医生
   C．公务员
   D．自由职业者

4. A．以后孩子的教育
   B．高学历的人都很漂亮
   C．现在是个重学历的时代
   D．学历越高越容易找到好工作

5. A．让妈妈帮忙
   B．可以去饭店吃
   C．他自己很喜欢做饭
   D．女孩子工作很忙没有时间

6. A．公园
   B．隔壁
   C．报社
   D．王阿姨家

7. A．男孩
   B．男孩的妈妈
   C．男孩的姨妈
   D．王阿姨的女儿

8. A．要去相亲
   B．正在发愁
   C．还没有结婚
   D．已经结婚了

三、听完录音以后，请同学们自由讨论下面的两个问题

1．谈谈你的择偶条件。

2．你喜欢相亲这种方式吗？为什么？

第二部分　以下是根据第二段课文的问题

一、请仔细听课文录音，然后判断下列句子是否正确

1.郝麦收和汪洁联手在全国范围内开展了一次"女性生活状况"的随机问卷调查。（　）

2.在被调查者中，年龄在25至45岁的女性比例最高。（　）

3.在调查收回的852份有效问卷统计结果中，有99.76%的女性在选择配偶时，首选对方人品好。（　）

4.调查结果显示，天津女性在选择配偶时，把对方的经济情况放在第二位。（　）

5.多数女性在择偶时看重对方的家境，她们认为，家境好是夫妻共同生活的基础。（　）

6.现代女性对男士的要求普遍是"上得厅堂，下得厨房"，也就是说不仅要有工作能力，还要善于处理家务事。（　）

7.据调查数据显示，有54%的女性把成功的人生定义为"嫁得好"。（　）

8.人品好是保证未来生活质量的基础，嫁一个人品好的男人，也是自己人生成功的体现。（　）

二、请再仔细听一遍课文录音，然后根据课文内容选择正确答案

1. A.休闲生活
   B.女性职业
   C.女性恋爱生活
   D.夫妻生活及感情生活

2. A.职业
   B.人品好
   C.对方的生活能力
   D.对方的经济情况

3. A.只看重钱
   B.自律性强
   C.自觉抵御诱惑
   D.能对妻子和孩子负责

4. A.收入
   B.身高
   C.家境
   D.学历与职业

5. A.人品好
   B.长得好
   C.嫁得好
   D.干得好

6. A.不是过一种奢侈的生活
   B.不是指嫁一个很有钱的人
   C.是看重"物"而不看重"人"
   D.是嫁一个好人，过幸福的生活

三、听完录音以后，请同学们自由讨论下面的两个问题

1. 辩论：嫁得好不如干得好／干得好不如嫁得好。
2. 在择偶时，你最看重对方的哪些方面？为什么？

第三部分　ＨＳＫ模拟练习题

一、听下列句子，选择正确答案

1. A. 他们俩很般配
   B. 女的相貌不好看
   C. 他们俩同一天出生
   D. 今天是他们俩的生日

2. A. 酸葡萄好吃
   B. 喜欢吃酸葡萄
   C. 得不到的就是不好的
   D. 因为葡萄酸就不吃葡萄

3. A. 不能说话
   B. 很喜欢说话
   C. 说了很多话
   D. 说话和平常不太一样

4. A. 小王的舌头不舒服
   B. 小王没和小丽谈好
   C. 小王喜欢和小丽聊天
   D. 小王不喜欢谈论别人

5. A. 小金爱上了西施
   B. 小马的名字是西施
   C. 小马是西施的情人
   D. 小金觉得小马很漂亮

6. A. 女孩很有钱
   B. 女孩希望我有很多钱
   C. 女孩因为我有钱就跟我分手
   D. 女孩觉得有钱不代表拥有一切

7. A. 她没有话说
   B. 她不喜欢说话
   C. 她对男朋友非常好
   D. 她不能对男朋友说

8. A. 他现在单身
   B. 他吃得很少
   C. 他的家人很多
   D. 他全家喜欢吃东西

9. A. 他不适合别人
   B. 其实他也想结婚
   C. 觉得自己不合适结婚
   D. 没找到适合结婚的时间

10. A. "我"不是帅哥
    B. "我"很喜欢帅哥
    C. 帅哥看着不顺眼
    D. 帅不帅不是最重要的

二、听下列对话，选择正确答案

1. A.女的在减肥
   B.女的很有主见
   C.男的支持女的减肥
   D.她的男朋友总是迁就她

2. A.已经说过了
   B.一时半会儿说不清
   C.他们在聊天时认识的
   D.那是很久以前的事了

3. A.老王不爱妻子
   B.老王很听妻子的话
   C.老王严格要求妻子
   D.老王对妻子有意见

4. A.男的跟女的借钱
   B.男的没看上女的
   C.男的要花钱买房子
   D.男的还没有女朋友

5. A.男的没有姑姑
   B.女的没有姑姑
   C.小李的姑姑很有钱
   D.小李和姑姑住在一起

6. A.女的相信鬼
   B.男的喜欢李明
   C.男的喜欢谈论鬼
   D.李明的话不可信

7. A.女的的丈夫喜欢勺子
   B.女的的丈夫不做家务
   C.女的不喜欢指望别人
   D.女的的丈夫很喜欢做饭

8. A.男的想吃馒头
   B.男的想吃别的
   C.男的喜欢吃米饭
   D.女的喜欢吃馒头

9. A.男的猜对了
   B.王老师没有结婚
   C.王老师已经结婚了
   D.女的想知道是谁说的

10. A.男的喜欢逗别人
    B.男的快要结婚了
    C.男的还没有女朋友
    D.男的喜欢谈论影子

第十课 今天来了一位漂亮的新老师

生词

1.	暂时	（副）	zànshí	temporarily; for a while	잠시, 일시
2.	高挑	（形）	gāotiāo	tall and slim	(키가)늘씬하다
3.	大波浪	（名）	dàbōlàng	curly wavy hair	크게물결치는
4.	瓜子脸	（名）	guāzǐliǎn	oval face	계란형 얼굴
5.	绣花		xiù huā	embroider	(도안, 그림) 수놓다
6.	正式	（形）	zhèngshì	formal	정식의
7.	兼职	（动）	jiānzhí	take a part-time job	겸직하다
8.	轮流	（动）	lúnliú	take turns	돌아가면서 하다
9.	热烈	（形）	rèliè	fervent; heating	열렬하다
10.	展示	（动）	zhǎnshì	show; bring forth	펼쳐보이다
11.	金发碧眼		jīnfà-bìyǎn	blonde hair and blue eyes	금발의 파란눈
12.	番	（量）	fān	time	종류, 가지
13.	精彩	（形）	jīngcǎi	splendid; brilliant	근사하다
14.	胜地	（名）	shèngdì	famous scenic spot; resort	명승지
15.	摄影	（动）	shèyǐng	take a photograph	촬영하다
16.	相册	（名）	xiàngcè	album	앨범
17.	精致	（形）	jīngzhì	delicate; refined	정교하다
18.	书法	（名）	shūfǎ	calligraphy; handwriting	서예
19.	摇	（动）	yáo	shake; wave	(좌우로)흔들다

专名		PROPER NOUN	고유명사
贝克汉姆	Bèikèhànmǔ	Beckham (name of a person)	데이비드 베컴

第一部分 以下是根据第一段课文的问题

一、请仔细听课文录音，然后判断下列句子是否正确

1. 山田惠子休息了两三天，身体渐渐好些了。（ ）
2. 以前给高飞上课的老师是王老师。（ ）
3. 新来的女老师笑起来眼睛像弯弯的月亮。（ ）
4. 玫瑰很喜欢女老师的衣服，周末的时候她也想去买一件。（ ）
5. 山田惠子猜新老师刚从学校毕业不久，她猜错了。（ ）
6. 刚开始上课的时候，新老师给大家做了一个自我介绍。（ ）
7. 新老师没有教留学生汉语的经验。（ ）
8. 高飞他们还不太适应新老师的教学方式。（ ）
9. 新老师的教学方式和原来的老师差不多，但也有不一样的地方。（ ）
10. 今天的课堂气氛很活跃。（ ）

二、请再仔细听一遍课文录音，然后根据课文内容选择正确答案

1. A.生病了
   B.起得太晚
   C.不想去上课
   D.忘记上课的时间了

2. A.今天布置的作业
   B.学校里的新鲜事
   C.什么时候要考试了
   D.老师的身体好不好

3. A.长长的卷发
   B.高挑的身材
   C.圆圆的小脸
   D.又大又亮的眼睛

4. A.传统旗袍
   B.绣花衬衣
   C.职业套装
   D.大红连衣裙

5. A.中文系研究生
   B.英语系本科生
   C.教育系研究生
   D.中文系本科生

6. A.前年6月
   B.去年6月
   C.去年下半年
   D.今年上半年

7. A.一年
   B.两年
   C.一年半
   D.两年半

8. A.听写生词
   B.小组讨论
   C.一起朗读课文
   D.让学生轮流回答问题

9. A.一节课
   B.两节课
   C.三节课
   D.四节课

10. A.时尚
    B.活泼
    C.教得很好
    D.以上皆是

三、听完录音以后，请同学们自由讨论下面的两个问题

1.请你描述一下你的汉语老师。
2.说说你的汉语老师们不同的教学方法。

第二部分　以下是根据第二段课文的问题

一、请仔细听课文录音，然后判断下列句子是否正确

1.今天是玫瑰的生日，朋友们为她举办了一个生日晚会。（　）
2.在生日晚会上，玫瑰穿上了昨天刚买的新衣服。（　）
3.很多同学都穿上了有特色的服装。（　）
4.小林是大学三年级的学生，专业是经济。（　）
5.琳达来自美国。（　）
6.琳达正在中国学习汉语。（　）
7.琳达希望有一天自己能成为一名专业的摄影记者。（　）
8.张老师刚刚从北京出差回来。（　）
9.玫瑰对中国的传统文化非常感兴趣。（　）
10.玫瑰很喜欢张老师送给她的生日礼物。（　）

二、请再仔细听一遍课文录音，然后根据课文内容选择正确答案

1. A.学校餐厅
   B.玫瑰的宿舍
   C.学校的小咖啡厅
   D.学校附近的咖啡厅

2. A.大红的旗袍
   B.黑色的晚装
   C.绣花的唐装
   D.白色连衣裙

3. A.有点奇怪
   B.让人惊讶
   C.很有特色
   D.别有一番味道

4. A.舞蹈
   B.时装
   C.唱歌
   D.跳舞

5. A.有幽默感
   B.喜欢旅游
   C.见多识广
   D.开朗活泼

6. A.美国人
   B.法国人
   C.英国人
   D.德国人

7. A.汤姆太骄傲了
   B.汤姆爱开玩笑
   C.汤姆很有自信
   D.汤姆认为自己很帅

8. A.摄影
   B.汉语
   C.医学
   D.新闻

9. A.一首歌
   B.一把扇子
   C.一件旗袍
   D.一幅书法作品

10. A.写诗
    B.旅游
    C.画画
    D.书法

三、听完录音以后，请同学们自由讨论下面的两个问题

1.谈一谈你印象最深的一位老师。
2.说说你最喜欢的一件生日礼物。

第三部分 ＨＳＫ模拟练习题

一、听下列句子，选择正确答案

1. A.道歉
   B.跑出去
   C.寄包裹
   D.打电话给他

2. A.他想参加
   B.他有时间
   C.他要加班
   D.他想不出办法

3. A.更权威
   B.内容全面
   C.拿起来方便
   D.有英文解释

4. A.他说不出话来
   B.他和小李不太熟
   C.他知道小李的情况
   D.他和小李关系不太好

5. A.他很生气
   B.他很喜欢打电话
   C.他只有今天打了电话
   D.他是做售后服务工作的

6. A.他喜欢讲故事
   B.他喜欢收集邮票
   C.小王不应该找他
   D.他把小王的东西藏起来了

7. A.5点
   B.6点
   C.5点半
   D.6点半

8. A.他很小气
   B.他愿意下次请客
   C.他要宰别人一顿
   D.他不愿意和大家吃饭

9. A.买书
   B.回家
   C.看书
   D.去书店

10. A.失望
    B.高兴
    C.难受
    D.遗憾

二、听下列对话，选择正确答案

1. A.火车票难买
   B.飞机票打折
   C.坐飞机很快
   D.没有去张家界的火车

2. A.小张太胖了
   B.小张是中年人
   C.小张喜欢运动
   D.小张不认为自己该减肥

3. A.回家
   B.商场
   C.健身房
   D.和男的一起

4. A.同学
   B.朋友
   C.恋人
   D.同事

5. A.饺子
   B.馒头
   C.面条
   D.油饼

6. A.考试
   B.自习
   C.听广播
   D.见朋友

7. A.不一定
   B.能
   C.不能
   D.看天气而定

8. A.小李
   B.小李的丈夫
   C.两个人都做
   D.两个人都不做

9. A.男的是单身汉
   B.男的希望和别人合租
   C.男的喜欢租两室一厅
   D.男的希望自己能早点结婚

10. A.大不如前
    B.各个方面仍一般
    C.饭菜的口味大有提高
    D.服务比以前进步很多

第十一课　我想订牛奶

生词

1.	搞活动		gǎo huódòng	organize an activity (e.g. sales promotion)	행사를 벌이다
2.	订	（动）	dìng	book; reserve	예약하다，주문하다
3.	品种	（名）	pǐnzhǒng	variety; sort	품종
4.	果味	（名）	guǒwèi	fruit flavour	과일맛
5.	酸奶	（名）	suānnǎi	yoghourt	플레인 요구르트
6.	口味	（名）	kǒuwèi	taste	맛
7.	原味	（名）	yuánwèi	original flavour	원래의맛
8.	下旬	（名）	xiàxún	the last ten-day of a month	하순
9.	顺延	（动）	shùnyán	postpone	순서에 따라 연장하다 - 순연하다
10.	破钱		pò qián	change money	큰돈을 작은돈으로 바꾸다
11.	上门		shàng mén	door-to-door serve	방문하다
12.	奶箱	（名）	nǎixiāng	milk box	우유주머니
13.	营养	（名）	yíngyǎng	nutrition	영양
14.	贵重	（形）	guìzhòng	valuable; precious	귀중하다，중요하다
15.	防晒	（动）	fángshài	defend the sunlight	햇빛을 막다
16.	消炎药		xiāoyán yào	anti-inflammatory drug	소염제
17.	晕车药		yūnchē yào	anti-carsickness drug	멀미약
18.	设施	（名）	shèshī	facilities	시설
19.	损坏	（动）	sǔnhuài	damage; destory	훼손시키다, 손상시키다
20.	房卡	（名）	fángkǎ	room card	호텔키
21.	火灾	（名）	huǒzāi	fire accident	화재
22.	消毒		xiāo dú	disinfect; sanitize	소독하다
23.	遵守	（动）	zūnshǒu	abide; obey	준수하다，지키다

24.	擅自	（副）	shànzì	in a bold way; unauthorized	제멋대로, 독단적으로
25.	突发性	（名）	tūfāxìng	emergency	돌발성
26.	纠纷	（名）	jiūfēn	dissension; entanglement	다툼, 분쟁

练习

第一部分　以下是根据第一段课文的问题

一、请仔细听课文录音，然后判断下列句子是否正确

1. "家宝"牛奶的优惠活动是订一个月的牛奶优惠5块钱。（　）
2. "家宝"牛奶有两个品种：纯牛奶和酸奶。（　）
3. 玛丽打算这个月20号以后去旅行。（　）
4. 暂停送奶要提前一个星期打电话。（　）
5. 玛丽订了这个月和下个月两个月的牛奶。（　）
6. 玛丽订牛奶一共花了三十一块钱。（　）
7. 今天中午安装师傅要去玛丽宿舍安奶箱。（　）
8. 山口周末的时候常常很晚起床。（　）

二、请再仔细听一遍课文录音，然后根据课文内容选择正确答案

1. A.做运动
   B.找关系
   C.优惠促销
   D.免费品尝

2. A.原味酸奶
   B.果味酸奶
   C.果味纯牛奶
   D.原味纯牛奶

3. A.按时间顺延
   B.送到朋友那儿
   C.放在她的宿舍
   D.送指定地点冷藏

4. A.一块
   B.一块二
   C.一块三
   D.一块六

5. A.早上5点
   B.早上6点
   C.早上6点以前
   D.根据顾客要求的时间送

6. A.营养丰富且灵活多样
   B.方便省时且营养充足
   C.营养丰富，但容易发胖
   D.方便省时，但营养不足

三、听完录音以后，请同学们自由讨论下面的两个问题

    1. 说说你的一次订票（或买票）、订餐（或就餐）的经历。

    2. 你喜欢什么样的早餐？你的早餐经常变化吗？

第二部分　以下是根据第二段课文的问题

一、请仔细听课文录音，然后判断下列句子是否正确

    1. 这段对话可能发生在就要出发去旅行的车上。（　）

    2. 旅行过程中，护照、学生证等重要的证件最好放到房间里。（　）

    3. 准备一个小包的目的是装钱包、相机等。（　）

    4. 虽然没有发生过沐浴时摔伤的事情，但老师还是提醒大家小心。（　）

    5. 旅行过程中，会统一安排大家品尝路边小吃。（　）

    6. 旅行中的每天下午都是休息和自由活动时间。（　）

    7. 喝自来水可能会导致拉肚子。（　）

    8. 如果一个人外出，应该向老师说明。（　）

二、请再仔细听一遍课文录音，然后根据课文内容选择正确答案

1. A. 行李别超重
   B. 带好晕车药
   C. 带好飞机票
   D. 提前到机场

2. A. 要求换房
   B. 要求退房
   C. 与老师商量
   D. 告知服务员

3. A. 带随身物品和锁好门
   B. 带好房卡和锁好房门
   C. 关掉电器并带好房卡
   D. 到服务台寄存贵重物品

4. A. 不好吃
   B. 不太安全
   C. 价格不公道
   D. 常常不太卫生

5. A. 登山安全和游泳安全
   B. 行车安全和登山安全
   C. 登山安全和拍照安全
   D. 防止火灾和行车安全

6. A. 与老师联系
   B. 与同学商量
   C. 找当地警察
   D. 打电话举报

三、听完录音以后，请同学们自由讨论下面的问题

    旅行的时候你一般做哪些准备？跟同学们分享一下你的经验。

第三部分 HSK模拟练习题

一、听下列句子，选择正确答案

1. A.说话人订了牛奶了
   B.说话人没打通电话
   C.订牛奶的电话没人接
   D.这个牌子的牛奶卖完了

2. A.喝牛奶对皮肤不好
   B.她皮肤和以前差不多
   C.说话人不经常喝牛奶
   D.说话人的皮肤比前好多了

3. A.超市
   B.话吧
   C.电器商店
   D.移动通信公司

4. A.邮局
   B.宾馆
   C.教室
   D.火车

5. A.8块钱
   B.24块钱
   C.56块钱
   D.不用花钱

6. A.菜太咸了
   B.菜太少了
   C.饭店师傅太少
   D.客人拿的东西太重

7. A.医院里
   B.照相馆
   C.海水浴场
   D.洗衣店里

8. A.非常喜欢这件衣服
   B.不打算买这件衣服了
   C.觉得现在天气不太好
   D.觉得这件衣服有点贵

9. A.人多的饭店比较安全
   B.人多的饭店比较好吃
   C.旅行的时候要多吃点儿
   D.找熟人介绍饭店的比较多

10. A.售货员和服务员
    B.导游和出租车司机
    C.出租车司机和售货员
    D.服务员和出租车司机

二、听下列对话，选择正确答案

1. A.男的迟到了40分钟
   B.女的是电影院售票员
   C.现在的时间是8点40分
   D.这段对话可能发生在机场

2. A.医院里
   B.照相馆
   C.海水浴场
   D.洗衣店里

3. A.手机坏了
   B.不能接电话了
   C.不能发短信了
   D.话费余额太少了

4. A.女的在卖洗衣机
   B.洗衣机有点儿问题
   C.男的要买全自动洗衣机
   D.男的买的洗衣机完全正常

5. A.7号
   B.6号
   C.2号
   D.9号

6. A.大学学生
   B.银行职员
   C.出租车司机
   D.饭店服务员

7. A.男的想理发
   B.女的想烫发
   C.女的想理发
   D.女的想改天再来

8. A.银行职员
   B.饭店服务员
   C.出租车司机
   D.商场服务员

9. A.交水费
   B.要停水
   C.要小李去修理管道
   D.要大家到楼下开会

10. A.男的是医生
    B.玛丽突然生病了
    C.玛丽现在在医院
    D.女的在给医院打电话

第十二课　业余生活

生词

1.	枕头	（名）	zhěntou	pillow	베게
2.	精装	（形）	jīngzhuāng	casebound; hardcover	하드커버
3.	古代	（名）	gǔdài	antiquity; ancient times	고대
4.	着迷		zháo mí	captivate; enchant	~에 사로잡히다
5.	原著	（名）	yuánzhù	original work	원작
6.	版	（名）	bǎn	version	판
7.	情不自禁		qíngbúzìjīn	can't help doing	저도모르게, 자신의 감정을 억제할 수 없다
8.	开阔	（动）	kāikuò	widen	(생각) 넓히다
9.	眼界	（名）	yǎnjiè	scope; horizon	시야, 견문
10.	活泼	（形）	huópō	lively; cheerful	활발하다
11.	寂寞	（形）	jìmò	lonely; lonesome	쓸쓸하다
12.	古话	（名）	gǔhuà	old saying; adage	옛말
13.	概括	（动）	gàikuò	generalize; sum up	간단하게 요약하다
14.	酷爱	（动）	kù'ài	love sth. very much; be wrapped up in	매우좋아하다
15.	下棋		xià qí	play chess	장기, 바둑을 두다
16.	钟情	（动）	zhōngqíng	be in deep love with	애정을 기울이다
17.	高雅	（形）	gāoyǎ	elegant; gracegul	고상하고 우아하다
18.	集邮册	（名）	jíyóucè	stamp album; stamp book	우표수집용책
19.	补习班	（名）	bǔxíbān	class out of school time	학원
20.	好奇心	（名）	hàoqíxīn	curiosity	호기심
21.	促使	（动）	cùshǐ	impel; spur	~하도록 하다
22.	入神		rù shén	attentive	마음을 뺏기다, 넋을 잃다
23.	抽屉	（名）	chōuti	drawer	서랍

24.	津津有味		jīnjīnyǒuwèi	with great interest	흥미진진하다
25.	杰作	(名)	jiézuò	masterpiece	걸작
26.	工艺品	(名)	gōngyìpǐn	craftwork	공예품
27.	陶冶	(动)	táoyě	edify; cultivate; nurture	(인성, 품성)연마하다
28.	情操	(名)	qíngcāo	sentiment; taste	정서

专 名		PROPER NOUN	고유명사
1.	黄山	Huáng Shān	Yellow Mountain	황산
2.	布达拉宫	Bùdálāgōng	Potala Palace	라싸의 부다라궁
3.	天安门	Tiān'ānmén	Tian'anmen	천안문

第一部分　以下是根据第一段课文的问题

一、请仔细听课文录音，然后判断下列句子是否正确

1. 山口最大的爱好是交很多朋友。（　）
2. 山口和日本的老朋友住在一起。（　）
3. 精装的一套四大名著很贵。（　）
4. 山口自己就买了三套四大名著，分别是中文版、英文版和日文版。（　）
5. 山口的性格非常文静。（　）
6. 玛丽花很多时间旅行，连汉语课本都没时间看了。（　）
7. "驴友"就是喜欢旅行的朋友。（　）
8. 玛丽曾经和很多老朋友一起去过黄山。（　）

二、请再仔细听一遍课文录音，然后根据课文内容选择正确答案

1. A.她的宿舍有很多书
   B.山口常常不在宿舍
   C.她的宿舍有很多VCD
   D.她的朋友常常在那儿住

2. A.和朋友聊天
   B.在教室学习
   C.在宿舍看书
   D.给家人打电话

3. A.中国朋友告诉她的
　　B.自己逛书店的时候看到的
　　C.上古代文学课的时候知道的
　　D.看了《红楼梦》的VCD以后知道的

4. A.都是中文版的
　　B.都是在中国买的
　　C.都是山口自己买的
　　D.现在在山口的宿舍

5. A.黄山
　　B.日本
　　C.布达拉宫
　　D.北京郊区

6. A.多旅行不如多读书
　　B.多读书不如多旅行
　　C.要多读书，多去一些地方
　　D.人一生要读一万本书，走一万里路

三、听完录音以后，请同学们自由讨论下面的两个问题

1. 说说你的爱好。
2. 谈谈业余爱好和学习、工作的关系。

第二部分　以下是根据第二段课文的问题

一、请仔细听课文录音，然后判断下列句子是否正确

1. "我"的朋友都喜欢旅游、读书和下棋。（　）
2. "我"觉得集邮非常有意义，而且很高雅。（　）
3. "我"是从今年暑假开始集邮的。（　）
4. "我"的表姐也喜欢集邮。（　）
5. 表姐的介绍使"我"喜欢上了集邮。（　）
6. "我"的集邮册是从商店里买来的。（　）
7. 虽然爸爸给的是旧邮票，但"我"也很喜欢。（　）
8. 现在"我"的邮票已经有一二百张了。（　）

二、请再仔细听一遍课文录音，然后根据课文内容选择正确答案

1. A.激动
　　B.陶醉
　　C.兴奋
　　D.伤心

2. A.去买邮票了
　　B.去桂林旅行了
　　C.在家里学习呢
　　D.去补习班学习了

3. A.姨妈的引导
   B.表姐的介绍
   C.爸爸的引导
   D.好奇心的驱使

4. A.朋友送的
   B.表姐给的
   C.自己买的
   D.家信上的邮票

5. A.毛笔和刷子
   B.剪刀和刷子
   C.毛笔和玻璃板
   D.剪刀和玻璃板

6. A.开阔眼界
   B.增长知识
   C.投资增值
   D.放松心情

第三部分　HSK模拟练习题

一、听下列句子，选择正确答案

1. A.兴趣很重要
   B.学钢琴不如学书法
   C.只要是喜欢的，就都是好的
   D.只要是喜欢的，都是有意义的

2. A.爱好比工作重要
   B.天天工作不可能
   C.生活不是很有意思
   D.爱好使生活更有意思

3. A.玩儿电脑游戏对小孩儿不好
   B.孩子看动画片的时间太多
   C.现在的孩子之间缺乏交流
   D.现在的孩子不喜欢户外活动

4. A.喜欢出去玩儿
   B.喜欢在家喝酒
   C.喜欢问"为什么"
   D.喜欢到外面喝酒

5. A.声乐班、表演班、作文班、舞蹈班
   B.声乐班、表演班、数学班、形体班
   C.声乐班、表演班、舞蹈班、形体班
   D.声乐班、数学班、作文班、舞蹈班

6. A.足球
   B.篮球
   C.乒乓球
   D.羽毛球

7. A.不想让孩子画画儿
   B.不想让孩子看动画片
   C.想让孩子成为服装设计师
   D.想让孩子成为动漫设计师

8. A.旅行
   B.看小说
   C.中国服饰
   D.中国功夫

9. A.这几个女孩子喜欢逛街
　　B.所有女孩子都喜欢逛街
　　C.大部分女孩子喜欢都逛街
　　D.不知道多少女孩子喜欢逛街

10. A.他没有爱好
　　B.他喜欢看书
　　C.他喜欢逛商店
　　D.他爱好逛书店

二、听下列对话，选择正确答案

1. A.江边
   B.赛车场
   C.足球场
   D.羽毛球场

2. A.男的没有工作
   B.女的是专业作家
   C.男的是专业作家
   D.女的是文学爱好者

3. A.老王爱好戏曲
   B.老王爱唱流行歌曲
   C.老王最近嗓子不好
   D.老王住在说话人的楼下

4. A.男的喜欢看电视剧
   B.男的和女的是夫妻
   C.男的喜欢看体育节目
   D.女的的女儿喜欢看动画片

5. A.男的不爱看书
   B.女的喜欢看悲剧
   C.女的什么书都喜欢
   D.男的喜欢看积极向上的书

6. A.支持
   B.反对
   C.无所谓
   D.不明白

7. A.少林寺
   B.万里长城
   C.长江源头
   D.北京王府井

8. A.运动对人有很多益处
   B.身体好的人不用运动
   C.运动的好处不好判断
   D.身体不好的人该多运动

9. A.自己做衣服
   B.给自己买衣服
   C.给孩子买衣服
   D.穿特别的衣服

10. A.跳舞
　　B.唱歌
　　C.当主持人
　　D.体育运动

第十三课　你打算自己去还是跟旅行团一起去？

生词

1.	传授	（动）	chuánshòu	impart; initiate	전수하다
2.	周到	（形）	zhōudào	thorough; considerate	빈틈없다
3.	高速	（形）	gāosù	high-speed	고속
4.	距离	（名）	jùlí	distance; interval	거리, 간격
5.	信誉	（名）	xìnyù	reputation	신망
6.	贪	（动）	tān	be anxious to do sth.; be greeedy	욕심을 부리다
7.	风险	（名）	fēngxiǎn	risk; venture	위험
8.	特产	（名）	tèchǎn	special local product	특산물
9.	玩意儿	（名）	wányìr	plaything	물건, 사물
10.	场合	（名）	chǎnghé	occasion; situation	장소, 상황
11.	防风	（动）	fángfēng	wind proof	바람을 막다
12.	保暖	（动）	bǎonuǎn	warm up	보온하다
13.	头头是道		tóutóushìdào	clear and logical	말이나 행동이 하나하나 사리에 들어맞다
14.	高见	（名）	gāojiàn	your opinion	（상대방의）고견
15.	快捷	（形）	kuàijié	shortcut	재빠르다
16.	关注	（动）	guānzhù	pay attention to	관심을 가지다
17.	焦点	（名）	jiāodiǎn	focus	초점
18.	代理	（名）	dàilǐ	agency; agent	대행
19.	目前	（名）	mùqián	at present; now	현재
20.	行情	（名）	hángqíng	market	시세, 시장가격
21.	截至	（动）	jiézhì	up to	（시간적으로）에 이르다
22.	折扣	（名）	zhékòu	discount	할인

23.	优惠	（形）	yōuhuì	beneficial	특혜의
24.	调整	（动）	tiáozhěng	adjust; regulate	조정하다
25.	逼	（动）	bī	force; compel	죄다, 강박하다
26.	悉	（动）	xī	report	잘 알다
27.	跌	（动）	diē	fall; drop	（물가)떨어지다, 내리다
28.	波动	（动）	bōdòng	fluctuating; waving	동요하다, 파동이 일다
29.	提升	（动）	tíshēng	advance; upgrade	끌어올리다, 업이드하다

第一部分　以下是根据第一段课文的问题

一、请仔细听课文录音，然后判断下列句子是否正确

1. 女的可能十一去旅行。（　）
2. 女的还没想好是自己旅行还是跟旅行团去旅行。（　）
3. 男的认为坐出租汽车长途旅行是一种安全的选择。（　）
4. 旅游的费用很高，为了节省费用在街上随便打的也是很好的选择。（　）
5. 如果你想在旅行中大量购物最好选择购物旅行团。（　）
6. 女的喜欢在旅途中购物，并把这些特产送给朋友和家人。（　）
7. 对于穿，各种场合穿的衣服都要带一些，尤其要带一件风衣。（　）
8. 旅游时，不用选择当地最贵的旅馆，只要能好好休息就可以了。（　）
9. 汽车是旅行的最佳交通工具，最便宜也最有旅游的感觉。（　）
10. 男的职业可能是旅游专家，女的是他的顾客。（　）

二、请再仔细听一遍课文录音，然后根据课文内容选择正确答案

1. A.比较安全
   B.一定比随团旅游好
   C.有利于在旅行的地方采购
   D.非常自由，自己安排一切

2. A.火车
   B.飞机
   C.出租车
   D.高速大巴

3. A.旅途中购物有一定的风险
   B.自己旅行要考虑得比较周到
   C.自己旅行比随团旅行的花费高
   D.跟旅游团旅行虽安全但太受限制

4. A.费用问题，花费越低越好
   B.不要和出租车司机讨价还价
   C.选择信誉好的出租车公司的车
   D.一定要选择脾气比较好的司机

5. A.可以保暖
   B.比较容易干
   C.样式很好看
   D.可以防风挡小雨

6. A.她很喜欢在旅行中购物
   B.她喜欢在旅行中品尝美食
   C.她认为男的提的建议很有道理
   D.她喜欢一个人旅行，边走边看

7. A.地铁最舒服
   B.汽车最便宜
   C.飞机最方便快捷
   D.火车最有旅游的感觉

8. A.旅途中不要购买太多东西
   B.不要在旅行中随意吃东西
   C.要带各种场合都可以穿的衣服
   D.酒店不要选太贵的，舒服就好

三、听完录音以后，请同学们自由讨论下面的两个问题

1. 你喜欢自己旅行还是跟旅行团一起旅行？为什么？
2. 你都去哪儿旅行过？关于旅行，你有什么好建议？

第二部分　以下是根据第二段课文的问题

一、请仔细听课文录音，然后判断下列句子是否正确

1. 从上海出发飞往各地的机票价格仍没有太大的波动。（　）
2. 上海至乌鲁木齐、西安等地的机票可购买到3~4折的机票。（　）
3. 五一期间，从上海飞往广州的航班机票将保持6折优惠。（　）
4. 上海至乌鲁木齐2800元全价的机票，个别代理点最低能打到3折。（　）
5. 如果4月28号从上海到乌鲁木齐，坐火车比坐飞机便宜。（　）
6. 目前，从上海到三亚的飞机票价几乎跌到了谷底。（　）
7. 五一期间要享受到5折以下的机票价格不太可能。（　）
8. 五一期间国内机票价格会比现在提升15%~25%左右。（　）

二、请再仔细听一遍课文录音，然后根据课文内容选择正确答案

1. A.从上海到西安
   B.从上海到济南
   C.从上海到青岛
   D.从上海到天津

2. A.广交会的召开
   B.广州举办旅游节
   C.深圳召开商品交易会
   D.五一期间游客增多

3. A.840元
   B.2800元
   C.1400元
   D.1680元

4. A.840元
   B.899元
   C.966元
   D.699元

5. A.从上海到三亚
   B.从上海到西安
   C.从上海到厦门
   D.从上海到青岛

6. A.一些折扣较低的线路机票已经开始紧张
   B.五一期间部分航线仍可享受4折优惠
   C.随着航空市场旺季的到来，国内机票价格将有所提升
   D.截至4月28日，各航线均可申请到和平时折扣相当的机票

三、听完录音以后，请同学们自由讨论下面的两个问题

1.你们国家的机票一般打几折？节假日有特别优惠吗？

2.在你们国家不同的航空公司打折情况一样吗？你出去旅游一般选择哪家航空公司？为什么？

第三部分　HSK模拟练习题

一、听下列句子，选择正确答案

1. A.我喜欢随团旅行
   B.我被旅行社坑了
   C.我不喜欢谈论旅行
   D.这次旅行我被人打了

2. A.说话人经常迷路
   B.说话人喜欢旅行
   C.一个人旅行不容易
   D.说话人感觉很孤独

3. A.英国的伦敦
   B.德国的柏林
   C.法国的巴黎
   D.阿姆斯特丹

4. A.他肯定来
   B.他来不了
   C.他以前来过桂林
   D.旅游的路上下雨了

5. A.苏州现在没有园林
   B.少数园林保持原样
   C.没有保持原样的园林
   D.很多园林都保持原样

6. A.空间比较小
   B.票价比较便宜
   C.没有免费餐饮
   D.能带40斤行李

7. A.火车票涨价了
   B.机票便宜了很多
   C.坐飞机节省时间
   D.他们可能坐飞机去

8. A.空中小姐
   B.列车上的乘务员
   C.公共汽车上的售票员
   D.长途汽车上的服务员

9. A.旅客会减少
   B.机票将很难买到
   C.机票价格将有变化
   D.机票价格不会变化

10. A.他没赶上飞机
    B.飞机出了故障
    C.这次航班取消了
    D.飞机没按时起飞

二、听下列对话，选择正确答案

1. A.去找别的旅行社
   B.这里的费用很低
   C.这里的费用还行
   D.这里的费用不合理

2. A.男的不喜欢旅行
   B.男的自己去的丽江
   C.和妻子旅行很甜蜜
   D.男的认为随团旅行不好

3. A.她不想帮男的算
   B.她不知道花多少钱
   C.她想和男的一起去
   D.两种情况价钱不一样

4. A.在旅行社里
   B.在箱包店里
   C.在飞机场里
   D.在面包店里

5. A.他长得很帅
   B.他去过九寨沟的北方
   C.他在外地分不清方向
   D.去九寨沟没什么了不起

6. A.女的是自己旅行
   B.男的是随团旅行
   C.男的后悔没随团旅行
   D.下次女的和男的一起去

7. A.在机场大厅
   B.在旅行社
   C.在熟食店
   D.在旅馆大厅

8. A.男的买到机票了
   B.机票非常容易买
   C.机票不用提前买
   D.男的没买到机票

9. A.女的没有钱
   B.男的很有钱
   C.他俩是好朋友
   D.他们不认识对方

10. A.女的要去上海
    B.他们在谈论天气
    C.男的喜欢和女的聊天
    D.飞机可能推迟起飞了

第十四课　汉语里的文化

生词

1.	栏目	(名)	lánmù	column	(신문, 잡지등의)난
2.	演变	(动)	yǎnbiàn	evolve	변화 발전하다
3.	下象棋		xià xiàngqí	play Chinese chess	장기를 두다
4.	棋子	(名)	qízǐ	chessman	장기알
5.	犯规		fàn guī	break the rule; foul	반칙하다
6.	裁判	(名)	cáipàn	umpire; judge	심판
7.	警告	(动)	jǐnggào	warn; notice	경고하다
8.	下场		xià chǎng	leaving the playing field	(운동선수가)퇴장하다
9.	纳闷儿		nà mènr	wonder; feel puzzled	(마음에 의혹이 생겨) 갑갑하다, 답답하다
10.	感叹	(动)	gǎntàn	plaint	감탄하다
11.	出色	(形)	chūsè	excellent; wonderful	특출나다(특별히 훌륭하다)
12.	自作多情		zìzuòduōqíng	take love for granted by oneself	스스로 많은 감정을 가지다
13.	自私	(形)	zìsī	selfish	이기적이다
14.	批评	(动)	pīpíng	criticize; comment	꾸짓다. 주의를 주다
15.	教育	(动)	jiàoyù	educate; instruct	교육하다
16.	严肃	(形)	yánsù	serious; solemn	(표정, 분위기) 엄숙하다, 근엄하다
17.	娇生惯养		jiāoshēng guànyǎng	coddle since childhood; spoil since childhood	응석받이로 자라다
18.	谦让	(动)	qiānràng	yield with modesty	겸양하다
19.	称赞	(动)	chēngzàn	praise; applaud	칭찬하다
20.	差劲	(形)	chàjìn	bad	형편없다

21.	微笑	（动）	wēixiào	smile	미소(하다)
22.	道理	（名）	dàolǐ	reason; argument	도리, 이치
23.	改	（动）	gǎi	change; transform	바뀌다, 달라지다
24.	放任	（动）	fàngrèn	indulge; surrender oneself to	방임하다

专名		PROPER NOUN	고유명사
1. 孔融让梨	Kǒng Róng ràng lí	Kong Ru gives up the biggest pear	'공융양리' 중국의 동화책
2. 东汉	Dōng Hàn	Donghan Dynasty	동한-'한' 후기

第一部分　以下是根据第一段课文的问题

一、请仔细听课文录音，然后判断下列句子是否正确

1. 报纸上的"品味生活"栏目讲的是生活中的吃喝问题。（　）
2. 下棋时的"吃"是赢一个棋子的意思。（　）
3. "吃黄牌"是运动员犯规，被裁判出示黄牌警告的意思。（　）
4. "这事办得真漂亮"的意思是做这件事情的人很漂亮。（　）
5. 玛丽不知道旁边喊"漂亮"的那个球迷帅不帅。（　）
6. 玛丽认为那位长得很帅球迷已经有女朋友了。（　）
7. 送朋友很贵重的礼物的时候，不能说"小意思"。（　）
8. "意思"这个词有很多意思。（　）

二、请再仔细听一遍课文录音，然后根据课文内容选择正确答案

1. A. 下棋
   B. 吃饭
   C. 看球
   D. 看报纸

2. A. 她以为他们在吵架
   B. 下棋的人声音很大
   C. 下棋的人说"我吃了你"
   D. 他们不喜欢别人看他们下棋

3. A.得到
   B.吸收
   C.消灭
   D.把东西放在嘴里

4. A.漂亮的衣服
   B.她长得真漂亮
   C.这事儿办得太漂亮了
   D.孩子们打扮得很漂亮

5. A.很有趣
   B.有问题
   C.喜欢、想交朋友
   D.送礼物、表达心意

6. A.那个男生没想追玛丽
   B.那个男生说玛丽很漂亮
   C.因为玛丽觉得那个男生很帅
   D.那个男生和女朋友一起看球呢

三、听完录音以后，请同学们自由讨论下面的两个问题

1.谈谈你在生活中学到的一个有趣的生词。
2.你喜欢的人不喜欢你，怎么办？

第二部分　以下是根据第二段课文的问题

一、请仔细听课文录音，然后判断下列句子是否正确

1.孔融让梨的故事发生在"我"上小学的时候。（　）
2."我"没有兄弟姐妹。（　）
3."我"经常因为爱哭爱闹被老师批评。（　）
4.妈妈要吃"我"的冰淇淋，"我"的反应是不愿意。（　）
5.妈妈用孔融让梨的故事教育了"我"。（　）
6.孔融是中国汉代的人。（　）
7.孔融把最大了梨留给别人，自己选了个不大不小的。（　）
8."我"并没有理解妈妈讲的故事的意义。（　）

二、请再仔细听一遍课文录音，然后根据课文内容选择正确答案

1. A.书上看到的
   B.老师教"我"的
   C.妈妈告诉"我"的
   D.爷爷奶奶告诉"我"的

2. A.兄弟姐妹很多
   B.家人太惯着"我"
   C.爸爸妈妈对"我"不好
   D.爷爷奶奶对"我"不好

3. A.爸爸
   B.妈妈
   C.爷爷
   D.奶奶

4. A.可乐
   B.玩具
   C.冰淇淋
   D.孔融让梨的书

5. A.3个
   B.4个
   C.5个
   D.6个

6. A.最大的
   B.最好的
   C.最小的
   D.不大不小的

三、听完录音以后，请同学们自由讨论下面的问题

给同学们讲一个成语故事。

第三部分　HSK模拟练习题

一、听下列句子，选择正确答案

1. A.当作家
   B.当银行家
   C.当中文老师
   D.当汉语翻译

2. A.数学
   B.英语
   C.语文
   D.语法

3. A.他的写作水平很高
   B.他可以和中国人用汉语交流
   C.他和中国人不能用汉语交流
   D.他很高兴，因为考试没有问题

4. A.我
   B.国
   C.边
   D.品

5. A.章
   B.张
   C.脏
   D.长

6. A.光盘
   B.磁带
   C.地图
   D.练习本

7. A.他在政府工作
   B.他留学要花很多钱
   C.他的汉语水平比较高
   D.他每次考试的成绩都很好

8. A.要三个人一起走
   B.我要和老师一起走
   C.我常常遇见我的老师
   D.很多人都可以做我的老师

9. A.两点左右
   B.两点以前
   C.两点以后
   D.一点以前

10. A.她比较内向
    B.她性格很好
    C.她长得很漂亮
    D.周围的人对她有意见

二、听下列对话，选择正确答案

1. A.想出国留学
   B.想找到好工作
   C.朋友外语学得很好
   D.可以去别的地方旅行

2. A.女的没有工作
   B.女的经常加班
   C.男的工作很忙
   D.男的工作不太好

3. A.买手机
   B.修手机
   C.取手机
   D.换手机

4. A.女的考得很好
   B.女的考得不好
   C.男的考得不好
   D.男的现在很高兴

5. A.女的心情不错
   B.老师批评女的了
   C.男的心情不太好
   D.老师批评男的了

6. A.男的是王经理
   B.王经理的爱人在开会
   C.王经理没给爱人回电话
   D.王经理现在不方便接电话

7. A.唱歌
   B.鼓掌
   C.讲笑话
   D.准备出发

8. A.妹妹不听话
   B.男的有妹妹
   C.男的不同意妈妈的话
   D.男的是家里最小的孩子

9. A.女的饿了
   B.男的还不饿
   C.女的起得很晚
   D.男的没吃早饭

10. A.不要后悔了
    B.不要来晚了
    C.不要那么小气
    D.丢了钱包没关系

第十五课　速冻水饺怎么吃？

生词

1.	速冻	（形）	sùdòng	deep frozen	급속냉동하다
2.	饺子	（名）	jiǎozi	dumpling	교자 - 만두
3.	锅	（名）	guō	pan; hollowware	냄비
4.	烧(水)	（动）	shāo (shuǐ)	boil (water)	끓이다
5.	煮	（动）	zhǔ	boil; cook	익히다
6.	熟	（形）	shú	cooked; ripe	(음식이)익다
7.	具体	（形）	jùtǐ	actual; concrete	구체적이다
8.	搅动	（动）	jiǎodòng	stir; agitate	뒤섞다
9.	粘	（动）	zhān	adhibit; stick to	달라붙다
10.	浮	（动）	fú	float	뜨다
11.	捞	（动）	lāo	drag for; fish out	(물 등의 액체속에서) 건지다
12.	信用卡	（名）	xìnyòngkǎ	credit card	신용카드
13.	借记卡	（名）	jièjìkǎ	debit card	직불카드
14.	区别	（名）	qūbié	difference	차이나다
15.	透支	（动）	tòuzhī	overdraft	가불하다
16.	身份证	（名）	shēnfènzhèng	identification card (ID card)	신분증
17.	办理	（动）	bànlǐ	transact	처리하다
18.	柜台	（名）	guìtái	counter	창구
19.	自动取款机（ATM）		zìdòng qǔkuǎnjī (ATM)	Automatic Teller Machine	자동지급기
20.	免息期	（名）	miǎnxīqī	grace period	무이자기간
21.	利息	（名）	lìxī	interest; accrual	이자

22.	跨行	（动）	kuà háng	cross the bank	은행을 구분하지 않고, 은행간을 뛰어넘어
23.	异地	（名）	yìdì	foreign, different area	타향
24.	结账		jié zhàng	check-out; close off	계산하다
25.	妥善	（形）	tuǒshàn	careful; proper	적절하다
26.	保管	（动）	bǎoguǎn	safekeep	보관하다
27.	密码	（名）	mìmǎ	code; cipher pin (personal idertification number)	비밀번호
28.	盗	（动）	dào	steal; rob	훔치다
29.	挂失	（动）	guàshī	report the loss of sth.	분실신고하다
30.	补办	（动）	bǔbàn	additionally transact	사후에 처리하다
31.	吞	（动）	tūn	swallow; gulp	(통째로) 삼키다

第一部分　以下是根据第一段课文的问题

一、请仔细听课文录音，然后判断下列句子是否正确

1. 玛丽和大卫在超市购物的时候看到了速冻水饺。（　）
2. 大卫开始不同意买速冻水饺，因为他不爱吃。（　）
3. 玛丽向一位超市工作人员询问了速冻水饺的吃法。（　）
4. 一锅水大概可以煮一斤左右的速冻水饺。（　）
5. 玛丽基本听懂了那们顾客人的说明。（　）
6. 超市里有很多品种的速冻水饺。（　）
7. 大卫建议玛丽少买点儿。（　）
8. 他们打算用银行卡结账。（　）

二、请再仔细听一遍课文录音，然后根据课文内容选择正确答案

1. A. 速冻水饺太贵
   B. 速冻水饺不好吃
   C. 速冻水饺没有说明书
   D. 他们不知道速冻水饺怎么吃

2. A. 看说明书
   B. 去饭店吃水饺
   C. 自己去问别人
   D. 让大卫去问别人

3. A.烧水－放饺子－搅动－煮几分钟－捞出
   B.放饺子－烧水－搅动－煮几分钟－捞出
   C.烧水－放饺子－煮几分钟－搅动－捞出
   D.烧水－放饺子－搅动－捞出－煮几分钟

4. A.几分钟
   B.十来分钟
   C.半个小时
   D.一个小时

5. A.便宜
   B.味美
   C.新鲜
   D.方便

6. A.小孩
   B.老人
   C.年轻人
   D.外国人

三、听完录音以后，请同学们自由讨论下面的两个问题

1.说一说你做一种菜或饭的过程。
2.你们国家饮食上的特点是什么？

第二部分　以下是根据第二段课文的问题

一、请仔细听课文录音，然后判断下列句子是否正确

1.银行卡已经成为现代生活的一部分。（　）
2.银行卡都可以透支。（　）
3.有了银行卡，就可以少携带些现金。（　）
4.大多数人使用的银行卡是信用卡。（　）
5.信用卡都是不计利息的。（　）
6.跨行提取现金一般不收费。（　）
7.挂失银行卡时，必须本人到银行办理。（　）
8.如果银行卡被吞，应该到发卡行取卡。（　）

二、请再仔细听一遍课文录音，然后根据课文内容选择正确答案

1. A.个人照片
   B.身份证明
   C.担保人证明
   D.一定数额的现金

2. A.可以透支
   B.不要利息
   C.不可挂失
   D.不可透支

3. A.POS 机
   B.电话
   C.自动取款机
   D.能上网的电脑

4. A.买电话的商店
   B.用电话交电话费
   C.银行卡优惠买电话
   D.用电话进行银行服务

5. A.挂失
   B.改密码
   C.补办新卡
   D.打110报警

6. A.卡、身份证
   B.身份证、照片
   C.护照、身份证
   D.照片、旧卡、身份证

第三部分 ＨＳＫ模拟练习题

一、听下列句子，选择正确答案

1. A.网上冲浪
   B.骑自行车
   C.跑步
   D.攀岩

2. A.现金消费是不好的习惯
   B.持卡消费的人越来越多
   C.中国人习惯与别的国家交往
   D.用银行卡进行消费不是好习惯

3. A.一万
   B.六千
   C.五千八
   D.一万多

4. A.信用卡可以透支一个月
   B.信用卡可以使人们多消费
   C.信用卡可以记录钱怎么花的
   D.不要每个月都使用信用卡进行消费

5. A.人们不该用现金
   B.银行卡可以消费结账
   C.银行卡更符合卫生习惯
   D.10个人中有3~4个人不用银行卡

6. A.客户没来
   B.飞机晚点了
   C.航班取消了
   D.深圳天气不好

7. A.我喜欢散步
   B.慢走有助于消化
   C.我的朋友消化不良
   D.朋友建议我慢点儿吃饭

8. A.多吃些水果
   B.水果要吃新鲜的
   C.不要吃太多水果
   D.不要买便宜的水果

9. A. "我"明天一定会来
   B. "我"明天可能不来了
   C. 小王明天一定会来
   D. 小王明天可能不来了

10. A. "我"有很多钱
    B. "我"喜欢花钱
    C. "我"不善于理财
    D. "我"的收入少了很多

二、听下列对话，选择正确答案

1. A. 在哪儿买电话卡
   B. 怎样打长途省钱
   C. 在哪儿打电话便宜
   D. 什么时间打长途省钱

2. A. 男的在问路
   B. 男的想买西服
   C. 女的在买旗袍
   D. 男的的爱人想买旗袍

3. A. 男的喜欢聊天
   B. 女的喜欢聊天
   C. 男的普通话不好
   D. 女的普通话不好

4. A. 男的没有照过相
   B. 女的想和男的照相
   C. 女的不会用照相机
   D. 男的在帮女的照相

5. A. 女的想去美国
   B. 女的要往美国寄信
   C. 女的带的钱不够了
   D. 男的是邮局工作人员

6. A. 他想努力学外语
   B. 以前自己不会日语
   C. 这家公司工作不太好
   D. 他要从头开始学习外语

7. A. 女的知道去哪儿买鱼
   B. 男的不知道去哪里钓鱼
   C. 男的不知道去哪里买鱼
   D. 女的不知道去哪里钓鱼

8. A. 女的不喜欢找东西
   B. 男的经常找不到东西
   C. 女的同意男的的观点
   D. 女的经常找不到东西

9. A. 他们都很饿
   B. 男的不喜欢吃菜
   C. 他们都不想浪费
   D. 女的不喜欢吃菜

10. A. 女的喜欢踢球
    B. 男的想放松放松
    C. 男的考试考得很好
    D. 女的不让男的踢球

第十六课　你听说过职业规划师吗？

生词

1.	规划	（动）	guīhuà	program	기획
2.	外交官	（名）	wàijiāoguān	diplomat	외교관
3.	热爱	（动）	rè'ài	devote; love deeply	열렬히 사랑하다
4.	新兴	（形）	xīnxīng	new-born	신흥의, 새로일어난
5.	设计	（动）	shèjì	design	계획하다, 구상하다
6.	求职	（动）	qiúzhí	apply for a job	직업을 구하다
7.	策略	（名）	cèlüè	strategy; tactic	전술
8.	简历	（名）	jiǎnlì	resume	이력서
9.	培训	（动）	péixùn	train	훈련, 양성하다
10.	心理学	（名）	xīnlǐxué	psychology	심리학
11.	管理学	（名）	guǎnlǐxué	management	관리학
12.	社会学	（名）	shèhuìxué	sociology	사회학
13.	沟通	（动）	gōutōng	communicate	교류하다
14.	轮	（量）	lún	time(qualifier)	（순서에따라）교대로하다
15.	薪金	（名）	xīnjīn	stipend; salary	봉급
16.	福利	（名）	fúlì	welfare;well-being	복리, 복지
17.	如实	（副）	rúshí	be in accordance with the facts	사실과 같다, 여실히다
18.	录用	（动）	lùyòng	employ; hire	고용하다
19.	保险	（名）	bǎoxiǎn	insurance	보험
20.	招聘	（动）	zhāopìn	invite applications for a job; job offers	모집하다
21.	质疑	（动）	zhìyí	doubt	질의하다 - 의문을 제기하다

22.	忠诚	（形）	zhōngchéng	faithful;loyal	충실하다
23.	罢休	（动）	bàxiū	quit; give up	그만두다, 손을 놓다
24.	潮流	（名）	cháoliú	trend; tide	시대의 추세
25.	坦率	（形）	tǎnshuài	frank; honest	솔직담백하다
26.	流传	（动）	liúchuán	come down; go round	세상에 널리 퍼지다
27.	气质	（名）	qìzhì	temperament; nature	성격, 기질
28.	保守	（形）	bǎoshǒu	conventional	보수적이다

第一部分 以下是根据第一段课文的问题

一、请仔细听课文录音，然后判断下列句子是否正确

1. 高飞是英国人。（　）
2. 高飞很适合做一名外交官。（　）
3. 高飞很热爱中国文化。（　）
4. 高飞并不清楚自己毕业后想做什么工作。（　）
5. 职业规划师可以帮助你找到一份工作。（　）
6. 王丹对职业规划师这一职业很了解。（　）
7. 高飞对王丹介绍的职业规划师不太感兴趣。（　）
8. 想要成为一名职业规划师并不难，只要进行简单的培训即可。（　）
9. 职业规划师不需要丰富的实践经验，但需要丰厚的理论经验。（　）
10. 具有不同的职业或专业领域的经验的人很适合当职业规划师。（　）

二、请再仔细听一遍课文录音，然后根据课文内容选择正确答案

1. A.他是法国人
   B.他学习法语很认真
   C.他法语学了很多年
   D.他对法语很感兴趣

2. A.汉语
   B.德语
   C.英语
   D.西班牙语

3. A.喜欢汉语
   B.到中国旅游
   C.想当外交官
   D.将来好找工作

4. A.收入高
   B.时尚的
   C.新兴的
   D.年轻人从事

5. A.分析你的性格
   B.找出你的优点和不足
   C.寻找你的兴趣所在
   D.提供有用的招工信息

6. A.规划求职策略
   B.进行个人形象设计
   C.辅导写简历和求职信
   D.帮助解决求职路上的困难

7. A.义工
   B.服务人员
   C.专业人员
   D.政府官员

8. A.心理学
   B.社会学
   C.管理学
   D.写作学

三、听完录音以后，请同学们自由讨论下面的两个问题

1.你会不会请职业规划师为你进行求职设计，为什么？
2.说说你的理想。

第二部分 以下是根据第二段课文的问题

一、请仔细听课文录音，然后判断下列句子是否正确

1.张小姐去上海一家中外合资公司应聘。（　）
2.张小姐前几轮面试都通过了，可最后一轮面试没有通过。（　）
3.公司负责人和张小姐商量了薪金和福利问题（　）
4.张小姐欺骗公司负责人说自己是AB型血。（　）
5.科学证明，AB型血的人不适合担任客户经理一职。（　）
6.保险公司的招聘启事上注明了对应聘者的血型要求。（　）
7.应聘者对招聘公司提出的血型要求表示理解。（　）
8.以血型取人是个别公司的高层领导长期观察得出的结论。（　）
9."血型论"最早起源于日本。（　）
10.学者对"血型论"有相同的认识。（　）

二、请再仔细听一遍课文录音，然后根据课文内容选择正确答案

1. A.10月1日
   B.10月5日
   C.10月15日
   D.10月25日

2. A.销售员
   B.经理秘书
   C.公司文员
   D.客户经理

3. A.学历和工作经验都不满意
   B.学历和工作经验都很满意
   C.学历满意，工作经验不满意
   D.学历不满意，工作经验满意

4. A.医生
   B.面试官
   C.总经理
   D.人事部工作人员

5. A.AB型的血
   B.学历不够
   C.工作经验不足
   D.面试表现一般

6. A.报纸
   B.网络
   C.电视
   D.街头广告

7. A.男性，20~30岁
   B.男性，30~45岁
   C.女性，20~30岁
   D.女性，30~45岁

8. A.A型或B型
   B.O型或B型
   C.A型或AB型
   D.B型或AB型

三、听完录音以后，请同学们自由讨论下面的两个问题

1.你觉得招聘单位提出的血型要求合理吗，为什么？
2.对血型论你有什么看法？

第三部分　HSK模拟练习题

一、听下列句子，选择正确答案

1. A.周末也要加班
   B.吃饭的时间太长
   C.不想接受吃饭的邀请
   D.她不愿意请别人吃饭

2. A.夫妻
   B.同事
   C.同学
   D.亲戚

3. A.梨
   B.香蕉
   C.桔子
   D.西瓜

4. A.四川靠近大海
   B.辣子鸡丁是小吃之一
   C.四川人不喜欢吃水煮鱼
   D.四川有很多好吃的东西

5. A.送人
   B.回家
   C.打电话
   D.逛街

6. A.服务员
   B.清洁员
   C.售货员
   D.收银员

7. A.他很会唱歌
   B.他上台演讲了
   C.他喜欢表现自己
   D.他的表现一直很好

8. A.她有一个好消息
   B.每个人都知道了
   C.清洁工知道得很多
   D.人们都不喜欢听坏消息

9. A.橙汁
   B.咖啡
   C.牛奶
   D.无所谓

10. A.她不愿意去旅游
    B.她并不喜欢旅游
    C.她没有办法去旅游
    D.她认为旅游比工作重要

二、听下列对话，选择正确答案

1. A.男的不想吃饭
   B.女的想回家吃饭
   C.男的请女的在家吃饭
   D.女的不喜欢在外面吃饭

2. A.电起火
   B.入室盗窃
   C.房门被锁
   D.煤气泄漏

3. A.同事
   B.朋友
   C.同学
   D.亲戚

4. A.农贸市场
   B.服装商城
   C.通讯市场
   D.体育用品商店

5. A.兴奋
   B.遗憾
   C.苦恼
   D.不满

6. A.超市
   B.公司
   C.书店
   D.餐馆

7. A.男的很怕打针
   B.男的病情很严重
   C.女的给他开了药
   D.女的不让男的请假

8. A.小张
   B.刘总
   C.小王
   D.陈经理

9. A.认为小刘很不对
   B.认为小刘没有错
   C.认为不光是小刘的错
   D.认为小刘应该向别人学习

10. A.男的喜欢女的
    B.女的喜欢上街
    C.男的夸奖女的漂亮
    D.女的回头看到了男的

第十七课 我们坐火车出行

生词

1.	协会	（名）	xiéhuì	association; union	협회, 동아리
2.	供不应求		gōngbúyìngqiú	demands exceeds supply	공급이 수요를 따르지 못한다
3.	好在	（副）	hǎozài	fortunately, luckily	다행히도
4.	硬卧	（名）	yìngwò	couchette; a build-in bed on a train or a ship	침대칸
5.	索道	（名）	suǒdào	ropeway	케이블
6.	新鲜	（形）	xīnxiān	novel; fresh	새롭다
7.	候车室	（名）	hòuchēshì	waiting room	대합실
8.	检票		jiǎn piào	check the ticket	표를 검사하다
9.	空调	（名）	kōngtiáo	air conditioner	에어컨
10.	特快	（名）	tèkuài	express	특급열차
11.	行李架	（名）	xínglijià	carrier; rack	짐놓는장소
12.	折叠	（动）	zhédié	collapse; folding	접다
13.	叫卖	（动）	jiàomài	hawk; peddle	소리치며 팔다
14.	邀请	（动）	yāoqǐng	invite	초청하다, 초대하다
15.	烧饼	（名）	shāobing	clay oven roll / baked roll	샤오빙(산동성의 명물)
16.	麻花	（名）	máhuā	roll of hemp flower shape	꽈배기
17.	熄灯		xī dēng	lights out; put off the light	소등하다
18.	摇晃	（动）	yáohuàng	swag; roll	흔들흔들하다

第十七课
我们坐火车出行

专名		PROPER NOUN	고유명사
1. 泰山	Tài Shān	Mountain Tai (name of a mountain)	태산
2. 曲阜	Qūfù	Qufu (name of a place)	취푸 - 공자묘
3. 济南	Jǐnán	Jinan (name of a place)	제남
4. 趵突泉	Bàotū Quán	Baotu Spring (name of a spring)	바오투취엔 - 표돌천

练习

第一部分　以下是根据第一段课文的问题

一、请仔细听课文录音，然后判断下列句子是否正确

1. 男的在中国至少待了两年了。（　）
2. 男的这个五一准备去泰山或者曲阜玩儿。（　）
3. 从泰山去曲阜坐车只要一个半小时。（　）
4. 曲阜是孔子的老家。（　）
5. 男的最初的计划是坐飞机去旅游。（　）
6. 男的最后终于买到了飞机票。（　）
7. 男的要从济南去泰山，再去曲阜。（　）
8. 泰山上有旅游汽车送游客到半山腰，还有索道。（　）
9. 有时间的话，男的还希望在济南玩儿一玩儿。（　）

二、请再仔细听一遍课文录音，然后根据课文内容选择正确答案

1. A. 一天
   B. 三天
   C. 五天
   D. 七天

2. A. 回国
   B. 在宿舍休息
   C. 旅游
   D. 不知道

3. A.留学生联谊会
   B.大学生联谊会
   C.留学生旅游协会
   D.大学生旅游协会

4. A.安全
   B.便宜
   C.热闹
   D.轻松

5. A.正值旅游旺季
   B.飞机的班次很少
   C.他们要打折的机票
   D.他们要的机票太多

6. A.三天
   B.五天
   C.七天
   D.九天

7. A.硬座
   B.软座
   C.硬卧
   D.软卧

8. A.高速公路
   B.普通公路
   C.旅游专线
   D.乡村公路

三、听完录音以后，请同学们自由讨论下面的两个问题

1. 说说你印象最深的一次旅游。
2. 你喜欢乘坐哪种交通工具出游？为什么？

第二部分　以下是根据第二段课文的问题

一、请仔细听课文录音，然后判断下列句子是否正确

1. 我出去旅游时很少是坐飞机的。（　　）
2. 到了火车站一看，那儿有很多人。（　　）
3. 离开车还有半个小时的时候，广播里说"开始检票"。（　　）
4. 列车员收了我们的车票，又给了我们一张卡，这叫"换票"。（　　）
5. 火车上的硬卧是高、中、低三个床。（　　）
6. 列车员推着小车叫卖各种食品。（　　）
7. 我们事先准备了很多吃的东西，所以一点儿没饿着。（　　）
8. 在火车上我们都睡得很好。（　　）
9. 列车员没有过来叫我们下车，所以我们都坐过了站。（　　）
10. 我们到达济南的时候是早上6点。（　　）

二、请再仔细听一遍课文录音，然后根据课文内容选择正确答案

1. A.安全
   B.方便
   C.快捷
   D.干净

2. A.三个
   B.四个
   C.五个
   D.六个

3. A.骑自行车
   B.乘出租车
   C.坐公交车
   D.旅行社大巴

4. A.提前买好
   B.宾馆预定
   C.临时排队
   D.别人代买

5. A.普快
   B.直快
   C.货车
   D.特快

6. A.北京烤鸭
   B.天津麻花
   C.山东烧饼
   D.什么都没带

7. A.游览名胜
   B.了解历史
   C.特色小吃
   D.以上皆是

8. A.9点半
   B.10点钟
   C.10点半
   D.11点钟

三、听完录音以后，请同学们自由讨论下面的两个问题

1.请简要复述一下课文，讲述坐火车的经历。
2.说说你在旅游中发生的有趣的事情。

第三部分 HSK模拟练习题

一、请听下列句子，然后选择正确答案

1. A.外企
   B.海关
   C.旅行社
   D.签证处

2. A.烟台是农村
   B.小李很有口福
   C.现在天气很好
   D.苹果有利于健康

3. A.和期待的一样好
   B.飞上天的感觉很不错
   C.坐飞机让他感到害怕
   D.不是原来想象的样子

4. A.喜悦
   B.不满
   C.着急
   D.委屈

5. A.导游
   B.老师
   C.小说家
   D.银行职员

6. A.去内蒙古很近
   B.比去海南便宜
   C.她妻子想骑马
   D.时间非常充裕

7. A.他们在广州
   B.去广州很方便
   C.他们想回深圳
   D.两个城市很远

8. A.他体育很好
   B.他爱坐飞机
   C.他经常出差
   D.他公司不大

9. A.风景很美
   B.画很漂亮
   C.地势很低
   D.在天堂下面

10. A.自驾游的费用很便宜
    B.十一假期已经结束
    C.自驾游是最受欢迎的旅游形式
    D.人们对自驾游越来越感兴趣了

二、听下列对话，选择正确答案

1. A.蓝天宾馆
   B.东方宾馆
   C.海滨大饭店
   D.环岛大酒店

2. A.行李员
   B.清洁员
   C.接线员
   D.前台服务员

3. A.着急
   B.无奈
   C.喜悦
   D.期待

4. A.男的
   B.女的
   C.都不想送
   D.孩子自己去

5. A.小张
   B.小刘
   C.小王
   D.自己去的

6. A.继续排队
   B.买汽车票
   C.等别人退票
   D.想办法补票

7. A.长城很宏伟
   B.男的没去北京
   C.女的喜欢北京
   D.男的爬上了长城

8. A.高兴
   B.愤怒
   C.不耐烦
   D.很惊喜

9. A.小狗
   B.行人
   C.出租车
   D.公交车

10. A.饭店
    B.学校
    C.医院
    D.车站

第十八课　看京剧

生词

1.	人影	（名）	rényǐng	shadow of people	사람의 모습
2.	脸谱	（名）	liǎnpǔ	face (of Beijing Opera)	중국전통극의 배우들의 얼굴분장
3.	恨不得	（动）	hènbude	itch to	~못하는것이 한스럽다
4.	圆梦		yuán mèng	realization of a dream	꿈을 품다 - 소원을 풀다
5.	眨	（动）	zhǎ	blink; wink	(눈을)깜박거리다
6.	布置	（动）	bùzhì	lay; dispose	설치하다, 꾸미다
7.	头饰	（名）	tóushì	headgear; headware	머리장식품
8.	道具	（名）	dàojù	property	무대장치에 필요한 도구
9.	台词	（名）	táicí	actor's line	대사
10.	屏幕	（名）	píngmù	screen	스크린
11.	过时	（形）	guòshí	out of date; old-fashioned	유행이 지나가다
12.	新意	（名）	xīnyì	novelty and originality	성의
13.	体会	（动）	tǐhuì	experience	체득하다, 이해하다
14.	好意	（名）	hǎoyì	favor; kindness	호의
15.	惊喜	（名）	jīngxǐ	pleasant, surprise	놀라고도 기뻐하다
16.	采访	（动）	cǎifǎng	interview	취재하다
17.	尝试	（动）	chángshì	try; attempt	시험해 보다
18.	休闲	（名）	xiūxián	relaxation	휴식오락활동
19.	原创	（动）	yuánchuàng	original work	오리지널창작
20.	独一无二		dúyī-wú'èr	uniqueness; in a class by oneself	유일무이하다
21.	陶艺	（名）	táoyì	pottery arts	도예
22.	耐心	（名）	nàixīn	patience	인내심

23.	创造	（动）	chuàngzào	create	창조하다
24.	自娱自乐		zìyúzìlè	self-entertainment	스스로 즐기다
25.	调动	（动）	diàodòng	manoeuvre; transfer	동원하다
26.	协调	（动）	xiétiáo	coordinate; harmonize	협조하다
27.	体验	（动）	tǐyàn	experience; learn through practice	체험하다
28.	促进	（动）	cùjìn	promote; accelerate	촉진하다
29.	智力	（名）	zhìlì	intelligence; wit	지력
30.	开发	（动）	kāifā	develop; exploit	개발하다

| 专 名 | | PROPER NOUN | 고유명사 |
| 霸王别姬 | Bàwáng Bié Jī | Farewell My Concubine, name of a drama | 패왕별희（경극제목） |

第一部分　以下是根据第一段课文的问题

一、请仔细听课文录音，然后判断下列句子是否正确

1. 这段对话大概发生在星期一。（　）
2. 高飞平时不常去法语角。（　）
3. 高飞被精彩的京剧演出深深吸引住了。（　）
4. 京剧演员在舞台上只唱了京剧，并没有表演功夫。（　）
5. 昨晚大剧院演出的剧目是《霸王别姬》。（　）
6. 大剧院的环境很好，设备也很先进。（　）
7. 演出时不仅有中文字幕，还有英文字幕，所以高飞全看懂了。（　）
8. 从对话中可知道，高飞是第一次看京剧。（　）

二、请再仔细听一遍课文录音，然后根据课文内容选择正确答案

1. A. 同学
   B. 同屋
   C. 女朋友
   D. 朋友

2. A. 感到很好奇
   B. 别人送了他戏票
   C. 朋友邀请他一同去
   D. 学习了一篇关于京剧的课文

3. A.一个来小时
   B.两个多小时
   C.三个半小时
   D.近四个小时

4. A.舞台布置很简单，服装道具也很简单
   B.舞台布置很简单，服装道具却很复杂
   C.舞台布置很复杂，服装道具却很简单
   D.舞台布置很复杂，服装道具也很复杂

5. A.演员念台词的速度很快
   B.中国人基本上都能听懂台词
   C.高飞连一句台词也没有听懂
   D.京剧台词都是用普通话唱出来的

6. A.演员的台词
   B.演员的表演
   C.背景的音乐
   D.故事的简介

7. A.录音机
   B.照相机
   C.望远镜
   D.摄像机

8. A.公园
   B.戏院
   C.茶馆
   D.京剧网站

三、听完录音以后，请同学们自由讨论下面的两个问题

1.你看过京剧吗？谈谈你看京剧的感受，或者问问看过京剧的同学有什么感受。

2.你认为中国传统文化，除了京剧以外还有什么？

第二部分　以下是根据第二段课文的问题

一、请仔细听课文录音，然后判断下列句子是否正确

1.这一段文章是一则新闻报道。（　）
2.这段话很有可能是写在开学前。（　）
3.记者了解到，很多中小学生的假期作业之一是自己动手制作工艺品。（　）
4.假期中，DIY小店的生意不如平时红火。（　）
5.因为是原创，所以DIY作品都是独一无二的。（　）

6. 一些陶艺吧按照小时收费，每小时20元。（　）
7. 如果一次未能完成作品，可以留在店内，下次再来完成。（　）
8. 记者采访了一位小学五年级的女同学，她说自己假期时每周都到陶艺吧来一次。（　）

二、请再仔细听一遍课文录音，然后根据课文内容选择正确答案

1. A. 促进智力开发
   B. 学生最流行的休闲方式
   C. 这种小店的生意非常红火
   D. 开学后送朋友什么礼物最好

2. A. 爱吃的东西
   B. 漂亮的笔记本
   C. 英雄牌钢笔
   D. 自己原创的作品

3. A. 送朋友喜欢的东西
   B. 礼物能带给朋友惊喜
   C. 朋友以前没有收到过的
   D. 礼物中包含了你的心意

4. A. 靠自己
   B. 亲身体验
   C. 自己动手做
   D. 自己制作的作品

5. A. 中小学生
   B. 时尚青年
   C. 公司白领
   D. 艺术家们

6. A. 十元
   B. 二十元
   C. 三十元
   D. 四十元

7. A. 三个
   B. 四个
   C. 五个
   D. 六个

8. A. 促进智力的开发
   B. 发展独立思考的能力
   C. 调动思维的协调发展
   D. 锻炼孩子的耐心和创造力

三、听完录音以后，请同学们自由讨论下面的两个问题

1. 你有没有自己制作过什么东西？
2. 你认为送给朋友什么样的礼物最能代表自己的心意？

第三部分　HSK模拟练习题

一、听下列句子，选择正确答案

1. A.一只钻戒
   B.一部手机
   C.一台电脑
   D.一条围巾

2. A.灰心
   B.遗憾
   C.有信心
   D.不感兴趣

3. A.国画无法和油画比
   B.画国画比画油画容易
   C.画国画不比画油画容易
   D.画国画和画油画都很容易

4. A.谦虚
   B.骄傲
   C.自信
   D.不在乎

5. A.可乐
   B.雪碧
   C.淡盐水
   D.白开水

6. A.举重
   B.摔跤
   C.瑜伽
   D.柔道

7. A.次卡
   B.月卡
   C.季卡
   D.年卡

8. A.仰泳
   B.蛙泳
   C.蝶泳
   D.自由泳

9. A.下棋
   B.看书
   C.唱京剧
   D.养花种草

10. A.他喜欢睡懒觉
    B.他觉得婚后很轻松
    C.他还没结婚
    D.他很愿意打扫卫生、洗衣服

二、听下列对话，选择正确答案

1. A.男的的家很大
   B.男的是大书法家
   C.男的是书法爱好者
   D.男的的家有很多中国画

2. A.他对中国文化懂得很多
   B.他对中国文化不太感兴趣
   C.他想知道什么是文房四宝
   D.他不知道什么是文房四宝

3. A.裁剪更费事
   B.有手工刺绣
   C.比长的更费布料
   D.布料的质地不同

4. A.年轻人很努力
   B.年轻人太浪费
   C.年轻人不是真正喜欢运动
   D.年轻人充满精力，不用运动

5. A.很乐意吃饭
   B.很喜欢唱歌
   C.觉得泡吧很好
   D.建议去健身房运动

6. A.年轻人工作很忙
   B.老年人都早起去市场买菜
   C.年轻人也越来越热爱运动
   D.老年人比年轻人有更好的生活习惯

7. A.男的衣服并不多
   B.男的很懂得选购运动服
   C.女的认为男的不应该再买衣服了
   D.女的可能不会帮男的选中式衣服

8. A.男的想要比别人更多的假期
   B.大家出去旅游都愿意找旅行社
   C.五一假期马上就要到来了
   D.旺季旅行的费用比平时高很多

9. A.男的不想出去
   B.男的不太喜欢看电影
   C.男的觉得自己做的饭菜更好吃
   D.男的愿意自己来做烛光晚餐

10. A.走路去
    B.自己开车
    C.骑自行车
    D.坐公交车去

第十九课　我们都来保护环境

生词

1.	防治	(动)	fángzhì	prevent and cure	예방퇴치하다
2.	沙漠	(名)	shāmò	desert	사막
3.	沙尘暴	(名)	shāchénbào	sandstorm	황사
4.	措施	(名)	cuòshī	measure	조치
5.	整治	(动)	zhěngzhì	renovate; repair	정비하다, 보수하다
6.	提醒	(动)	tíxǐng	remind of; put in mind of	주의를 환기시키다
7.	宣传	(动)	xuānchuán	publicize; propagandize	선전하다
8.	号召	(动)	hàozhāo	call on; summon	호소하다
9.	控制	(动)	kòngzhì	control; dominate	제어하다
10.	各界	(名)	gèjiè	all-social circles	각계
11.	人士	(名)	rénshì	famous person; public figure	인사
12.	角度	(名)	jiǎodù	angle; point of view	각도, 관점
13.	辐射	(名)	fúshè	radiation	방사
14.	强度	(名)	qiángdù	intensity	강도
15.	厂家	(名)	chǎngjiā	factory	제조업자
16.	价位	(名)	jiàwèi	price; value	가격
17.	无线	(名)	wúxiàn	radio; wireless	무선
18.	市话	(名)	shìhuà	local call	시내전화
19.	单向	(形)	dānxiàng	unilateral	한 방면의 - 단일의
20.	低廉	(形)	dīlián	cheap	저렴하다
21.	耳膜	(名)	ěrmó	eardrum	고막
22.	损伤	(动)	sǔnshāng	damage; injure	손상되다
23.	随身	(形)	suíshēn	be taken with; protable	몸에 지니다, 휴대하다
24.	伤害	(动)	shānghài	harm; hurt	손상시키다

专名	PROPER NOUN	고유명사
新闻联播 Xīnwén Liánbō	News Broadcast	뉴스네트워크

第一部分　以下是根据第一段课文的问题

一、请仔细听课文录音，然后判断下列句子是否正确

1. 玫瑰看到了那则有关沙尘暴的新闻，但金相宇没有。（　）
2. 中国政府早就已经开始采取各种措施整治沙漠化了。（　）
3. 1998年开始，每年的6月17日就被定为"世界防治沙漠化和干旱日"。（　）
4. 每年的3月2号是"植树节"。（　）
5. "保护环境，人人有责"是一则公益广告。（　）
6. 玫瑰认为如果夏天天气不太热，就尽量不要开空调。（　）
7. 玫瑰号召大家都想保护环境的好办法，然后一起交流。（　）
8. 王丹将和他俩一起商量组织大家一起想保护环境办法的活动。（　）

二、请再仔细听一遍课文录音，然后根据课文内容选择正确答案

1. A. 新闻联播
   B. 天气预报
   C. 晚间新闻
   D. 体育新闻

2. A. 平时很喜欢看电视
   B. 既能练习听力，又能了解时事
   C. 他很关注新闻中的体育消息
   D. 他养成了看新闻的习惯

3. A. 沙漠化
   B. 大气污染
   C. 天气太干燥
   D. 降雨量减少

4. A. 6月3号
   B. 6月4号
   C. 6月5号
   D. 6月6号

5. A. 王丹
   B. 大卫
   C. 玫瑰
   D. 金相宇

6. A. 节水节电
   B. 控制污水排放
   C. 减少砍伐树木
   D. 保持公共卫生

7. A.20
   B.25
   C.30
   D.32

8. A.写信
   B.寄贺卡
   C.打电话
   D.发电子贺卡

三、听完录音以后，请同学们自由讨论下面的两个问题

1.在日常生活中，为保护环境，你做了些什么？
2.你有什么保护环境的好办法？

第二部分　以下是根据第二段课文的问题

一、请仔细听课文录音，然后判断下列句子是否正确

1.手机已经成为了我们生活中很重要的一种联络工具。（　　）
2.手机的辐射强度越低，对身体的影响就越小。（　　）
3.折叠型手机比普通的直板机辐射强度高。（　　）
4.无线市话就是我们常说的小灵通。（　　）
5.佩带耳机也是减少辐射的一个有效的方法。（　　）
6.应该注意手机携带的位置，因为这会影响到手机的信号。（　　）
7.手机放在胸前，容易对心脏造成辐射，但并不影响我们的健康。（　　）
8.文章告诉了我们很多安全使用手机的好方法。（　　）

二、请再仔细听一遍课文录音，然后根据课文内容选择正确答案

1. A.健康
   B.实用
   C.经济
   D.个人喜好

2. A.小灵通
   B.滑盖型手机
   C.折叠型手机
   D.普通直板手机

3. A.携带方便
   B.单向收费
   C.通话质量好
   D.辐射强度低

4. A.学生
   B.工薪族
   C.家庭妇女
   D.公司白领

5. A.不要长时间用
   B.打雷时不要用
   C.控制耳机音量
   D.两只耳朵交替使用耳机

6. A.别在腰上
   B.手提包中
   C.挂在包上
   D.外衣口袋中

7. A.挂在胸前
   B.别在腰上
   C.放在手提包中
   D.放在上衣口袋中

8. A.学生
   B.服务人员
   C.公司白领
   D.通讯行业的小姑娘

三、听完录音以后，请同学们自由讨论下面的两个问题

1.谈谈你使用手机的心得。
2.手机带给你的方便与不便。

第三部分　ＨＳＫ模拟练习题

一、听下列句子，选择正确答案

1. A.小鸟想建一个新的家
   B.树林是小鸟最好的家
   C.小鸟迷路了，找不到家
   D.由于砍伐树木，小鸟失去了自己的家

2. A.人们现在都用自来水
   B.河水污染得越来越严重了
   C.用自来水比用河水更方便
   D.人们比以前节约用水了

3. A.节约用水
   B.水龙头的水很大
   C.不用水是很不好的
   D.不要用水龙头，因为它坏了

4. A.水资源可以浪费
   B.缺水的地方
   C.水很宝贵
   D.水是最重要的

5. A.辐射小
   B.资费不贵
   C.可以漫游
   D.样式新颖

6. A.和天气有关
   B.是互相传染的
   C.和空气质量有关
   D.原因还不太明确

7. A.要保护环境
   B.人类的眼泪很珍贵
   C.人和动物应该和睦相处
   D.地球上的水很快就没有了

8. A.女的很想退休
   B.城市里的灯光太强
   C.人们都喜欢去农村看风景
   D.城市的环境污染比农村严重

9. A.那儿的风景被破坏了
   B.那儿很难找到
   C.有了变化很好
   D.那儿的风景最好

10. A.他的勤俭
    B.他工作很出色
    C.他每天都加班
    D.他提出了一个好建议

二、听下列对话，选择正确答案

1. A.废纸是不可回收的
   B.废电池是可回收的
   C.废纸和废电池可以放在一起
   D.废纸和废电池不该放在一起

2. A.男的不是真的喜欢爬山
   B.她想邀请男的一起爬山
   C.山和以前比有了很大变化
   D.十年前她就常来这儿爬山

3. A.不明确
   B.绝对怀疑
   C.绝对相信
   D.半信半疑

4. A.城市里的教育质量很高
   B.城市越多，人们的生活越方便
   C.大城市有很多问题需要解决
   D.应该多发展特大城市

5. A.夫妻
   B.朋友
   C.同学
   D.恋人

6. A.医院
   B.宾馆
   C.学校
   D.公园

7. A.郊区的自然环境好
   B.工作地点也在郊区
   C.买不起城里的房子
   D.专线公交车很方便

8. A.包装盒上的提醒没有作用
   B.应该养成自觉保护环境的习惯
   C.包装盒上不用写"请不要随意丢弃"
   D.应该采用另外的方式提醒大家保护环境

9．A．女的觉得孩子们很勤劳
　　B．"环保日"是小学生发起的
　　C．小学生们积极宣传环境保护
　　D．红领巾是一个环保组织的名字

10．A．装修材料不重要
　　B．环保材料比普通材料贵
　　C．装修完了应该立刻搬进去
　　D．环保材料对人体健康有害

第二十课　啤酒节有什么好看的？

生词

1.	沿海	（名）	yánhǎi	by the sea	연해지방
2.	始创	（动）	shǐchuàng	originally begin	창시하다, 시작하다
3.	届	（量）	jiè	fall due	회
4.	开幕式	（名）	kāimùshì	inauguration; opening ceremony	개막식
5.	纯正	（形）	chúnzhèng	pure; genuine	순수하다
6.	风味	（名）	fēngwèi	flavour	독특한 맛
7.	水土不服		shuǐtǔbùfú	be not accustomed to the natural environment	자연환경과 기후가 맞지 않다
8.	海鲜	（名）	hǎixiān	seafood	해산물
9.	专家	（名）	zhuānjiā	expert	전문가
10.	生理	（名）	shēnglǐ	physiology	생리
11.	婴儿	（名）	yīng'ér	baby	영아, 간난애
12.	体质	（名）	tǐzhì	constitution	체력
13.	限度	（名）	xiàndù	limit; bound	한계
14.	因人而异		yīnrén'éryì	be different with different people	사람에 따라 다르다
15.	平原	（名）	píngyuán	plain	평원
16.	剧烈	（形）	jùliè	acute; intense	격렬하다
17.	心脏病	（名）	xīnzàngbìng	heart attack	심장병
18.	温带	（名）	wēndài	temperate zone	온대지방
19.	热带	（名）	rèdài	tropic	열대지방
20.	出汗		chū hàn	sweat; perspire	땀이나다
21.	中暑		zhòng shǔ	heatstroke; sunstroke	더위먹다
22.	潮湿	（形）	cháoshī	humid; damp	축축하다
23.	口干舌燥		kǒugān-shézào	very thirsty	입이 마르고 혀가 아프다
24.	干燥	（形）	gānzào	dry	건조하다

专名	PROPER NOUN	고유명사
1. 青岛国际啤酒节 Qīngdǎo Guójì Píjiǔ Jié	Qingdao International Beer Festival	청도국제맥주축제
2. 啤酒音乐广场 Píjiǔ Yīnyuè Guǎngchǎng	Beer Music Square	맥주음악광장
3. 啤酒城 Píjiǔ Chéng	Beer City	각 국가의 맥주를 모아놓은 곳

练习

第一部分 以下是根据第一段课文的问题

一、请仔细听课文录音，然后判断下列句子是否正确

1.青岛啤酒节将在下个周末举行。（ ）
2.青岛啤酒节上会有很多娱乐节目。（ ）
3.玛丽不喜欢去海边玩儿。（ ）
4.啤酒节每年的八月二十号开幕。（ ）
5.玛丽担心买不到到青岛的飞机票。（ ）
6.小云是青岛人。（ ）
7.国际青年旅馆的价格比较贵。（ ）
8.青岛的气候比较潮湿。（ ）

二、请再仔细听一遍课文录音，然后根据课文内容选择正确答案

1. A.上网
   B.看报纸
   C.听广播
   D.朋友告诉他的

2. A.她不喝啤酒
   B.大卫想不去
   C.她不喜欢旅行
   D.她想去别的地方

3. A.1991
   B.1995
   C.1996
   D.1998

4. A.歌唱比赛
   B.喝啤酒大赛
   C.民族服装表演
   D.外国乐队演奏

5. A.很发达
   B.不太发达
   C.很不方便
   D.不太方便

6. A.坐飞机
   B.坐汽车
   C.晚两天
   D.别去了

三、听完录音以后，请同学们自由讨论下面的两个问题

1. 谈谈一个你从报纸、网络或者电视上知道的消息。
2. 你在旅行前会先了解一下那里的情况吗？怎么了解？

第二部分　以下是根据第二段课文的问题

一、请仔细听课文录音，然后判断下列句子是否正确

1. 如果去外地，婴儿和老人最容易出现水土不服的现象。（　）
2. 30岁以后，人对环境的适应能力开始下降。（　）
3. 人适应气候需要一个过程，每个人需要的时间大致相同。（　）
4. 平原地区的人到高原地区没什么关系，不会发生水土不服。（　）
5. 从温带去热带的人水土不服的原因通常是出汗少。（　）
6. 从温带去热带的人的中暑现象也是水土不服的一种。（　）
7. 从平原到高原，人们通常会口干舌燥。（　）
8. 从干燥地区到湿润地区不会发生水土不服。（　）

二、请再仔细听一遍课文录音，然后根据课文内容选择正确答案

1. A.喝别的地方的水
   B.身体不好的时候
   C.环境短时间变化
   D.周围的人水土不服

2. A.10~20岁
   B.20~30岁
   C.20~40岁
   D.10~30岁

3. A.人的适应能力是有限度的
   B.成人的适应能力都比小孩高
   C.体质好的人适应能力比较高
   D.人的适应能力随年龄而变化

4. A.心脏病
   B.发烧、出汗
   C.恶心、呕吐
   D.生病、不舒服

5. A.不适应的反应可能较弱
   B.与短时间进入一样
   C.剧烈的头晕、恶心
   D.引发较轻的心脏病

6. A.从平原到高原
   B.从高原到平原
   C.从温带到热带
   D.从干燥地区到湿润地区

第三部分 HSK模拟练习题

一、听下列句子，选择正确答案

1. A.3点
   B.6点
   C.晚上8点
   D.中午12点

2. A.去昆明
   B.吃小吃
   C.回北京
   D.做旅行准备

3. A.什么是文明
   B.有钱人未必文明
   C.不要做不文明的人
   D.文明和学位的关系

4. A.他头疼
   B.今天是星期五
   C.周末他想晚点儿起床
   D.周末他很想回去玩儿

5. A.一决定去
   B.不知道
   C.可能不去
   D.一定不去

6. A."你"一定得去
   B."我"一定去看
   C."我"一定去看"你"
   D."你"一定来看"我"

7. A.我不该去找他
   B.昨天他刚出发
   C.昨天他去北京了
   D.我去找他的时间正好

8. A.病很严重
   B.病不严重
   C.我没有病
   D.两天后再看病

9. A.那里每场电影十块钱
　　B.那儿学生票20块上下
　　C.那里两块钱看一场电影
　　D.那儿的学生常常看电影

10. A."我"童年在农村生活
　　B."我"爷爷奶奶小时候不在农村
　　C."我"现在和爷爷奶奶一起生活
　　D."我"现在有时候去农村生活一段时间

二、听下列对话，选择正确答案

1. A.亚洲很热闹
　　B.亚洲不繁华
　　C.欧洲有些拥挤
　　D.亚洲和欧洲都很热闹

2. A.出发去新疆旅行
　　B.出发去国外旅行
　　C.要上网查旅行资料
　　D.要去乡下体验民情

3. A.女的玩得不太好
　　B.女的喜欢买衣服
　　C.男的认为内蒙古不冷
　　D.女的觉得内蒙古很冷

4. A.女的工作很忙
　　B.男的工作很忙
　　C.男的工作不忙
　　D.女的工作不太忙

5. A.男的要给女的介绍男朋友
　　B.女的和小丽只见过一次面
　　C.男的现在和小丽没有联系了
　　D.男的给小丽介绍过一个男朋友

6. A.今天天气不太好
　　B.孩子不想去公园
　　C.男的同意女的的意见
　　D.男的不同意女的的意见

7. A.25岁
　　B.35岁
　　C.43岁
　　D.55岁

8. A.他不想喝酒
　　B.他身体很好
　　C.他不想去吃饭
　　D.他有别的事情

9. A.机场
　　B.商店
　　C.医院
　　D.邮局

10. A.新年刚刚过去
　　B.女的想换工作
　　C.女的希望男的换工作
　　D.女的现在的工作不好

录音文本及答案

第一课　学习汉语的经历

课　文

一、学习汉语的经历

张老师：相宇，这是你第一次来中国吗？

金相宇：不是，以前我还跟着爸爸妈妈和妹妹一起到中国来旅游过。那时候，我的汉语还不太好，只能说一点儿，所以我决定来中国好好儿学习汉语。

张老师：你是从什么时候开始学习汉语的？

金相宇：我初中的时候，爸爸妈妈曾把我送到专门的汉语学校学习汉字和中国的古文。后来上了高中，每个人都要选修一门除英语以外的外语，我又选择了汉语。来中国之前，我就认识一些汉字，也会说一点儿汉语了。

张老师：怪不得你汉字写得那么好，而且还知道一些中国的古文呢。

金相宇：其实，现在很多韩国人来中国学习汉语之前，在国内都上过这样的汉语学校。不过，既然是学习汉语嘛，有机会的话，还是到中国来学习更好，有更多的练习机会，学得更快。

张老师：你们这一代人的机会真好，想学习外语就能有机会去外国学习。不光你们能来中国学习汉语，现在很多中国学生也能去外国学习英语。我们当年可没有这么好的机会。我中学时学的是俄语，别说什么出国学习啊，连想都不敢想。如果有一个小收音机，能听听电台的俄语广播节目，我就很满足了。

金相宇：我觉得学外语还是去说这门语言的国家比较好。一个好的语言环境对学习语言非常有帮助。和刚到中国的时候相比，我觉得现在我的汉语水平有了很大的提高。

张老师：你觉得韩国的学校教授汉语的方法和中国的有什么不同吗？

金相宇：基本上差不多，只是在中国开口说话的机会更多一些。

张老师: 多用新学的词汇、语法造句,多说汉语,是一种很好的学习方法。你要珍惜这个机会好好学啊。

金相宇: 好的,希望下次家人再来中国旅游的时候,我能说一口流利的汉语,不会再像上次那样,由于语言不通,遇到很多的麻烦。

一、请仔细听课文录音,然后判断下列句子是否正确

答案:1.× 2.× 3.× 4.× 5.√ 6.× 7.√ 8.× 9.× 10.√

二、请再仔细听一遍课文录音,然后根据课文内容选择正确答案

1.金相宇第一次和谁一起来中国旅游的?
2.张老师当年学习的是哪一种外语?
3.文中提到什么对学习外语很有帮助?
4.和在韩国学习汉语相比,在中国学习有什么不同?
5.以下哪一项是金相宇对自己现有汉语水平的评价?
6.下次家人来中国旅游时,金相宇希望自己能做什么?
7.根据课文内容,关于金相宇以下哪一项不正确?

答案:1.D 2.A 3.C 4.C 5.C 6.C 7.D

三、听完录音以后,请同学们自由讨论下面的两个问题

答案:略

二、一封家信

亲爱的爸爸妈妈:

你们好!

不知不觉,我到中国差不多有两个星期了。我非常怀念在家里和家人朋友一起度过的那个快乐的假期。昨天我还梦见了你们,我很想念你们。

现在,我每天都很忙碌,忙是忙,却过得很开心。这个学期我已经到了中级班,汉语课比上个学期要多,每周有十八节课,都是在上午。早上,我一般不到七点就起床,吃完早饭再去上课。有一天晚上,我看了两部电影,结果

第二天起晚了，上课也迟到了，虽然老师并没有批评我，但我自己觉得很不好意思。而且那天早上也没有来得及吃早饭，一上午又困又饿，难受极了。我以后再也不熬夜了，要养成早睡早起的好习惯。身体健康是最重要的！这是爸爸经常对我说的话。我一个人在中国，会照顾好自己的，你们放心吧。

　　昨天我去书店逛了逛，买了几本HSK辅导书，虽然离考试还有两个月的时间，但是我想早一点儿准备。我制订了一个学习计划，每周至少有四个晚上到教室自习，每天背三十个汉语生词，争取考个好成绩。

　　在吃的方面，我已经习惯了，而且越来越喜欢吃中国菜，当然，我还是不喜欢在菜里放香菜。和其他的韩国同学一样，我最喜欢吃的中国菜是糖醋里脊，酸酸甜甜的真好吃。有时间的时候，我跟朋友们还经常自己做饭吃。前天，我们就从超市买了很多肉和蔬菜，在宿舍里做了一次火锅，太好吃了。因为每天都吃得很好，又吃得很多，我现在甚至有点儿担心自己是不是长胖了，要减肥了。

　　不久，我们就会有一个长达七天的假期，我准备和朋友一起去旅游。中国很大，值得游玩的地方太多了。上个学期，学院组织我们去西安旅游。这个假期，我们打算去近一点儿的地方，计划是去青岛。说不定等我下次写信给你们的时候，就能寄上这次去青岛旅行的照片呢！

　　就先写到这里吧。我想每隔一周就给家里写一封信。虽然打电话也很方便，但是我更喜欢写信，因为写信的时候，我就感觉在和你们说话一样，亲切极了！　祝

身体健康！

惠莲
9月20号

一、请仔细听课文录音，然后判断下列句子是否正确

答案：1.√　2.×　3.×　4.√　5.×　6.×　7.×　8.√　9.×　10.×

二、请再仔细听一遍课文录音，然后根据课文内容选择正确答案

　　1.慧莲来中国多长时间了？
　　2.根据课文内容，可推测慧莲上个学期可能在哪个班？
　　3.慧莲上课为什么迟到了？
　　4.慧莲为准备HSK，课文中没有提到哪一项？

5. 慧莲怎么安排自己的晚自习？

6. 为什么慧莲担心自己长胖了？

7. 从慧莲的信中可以知道，她马上将有一个多长的假期？

8. 慧莲想多长时间给家里写一次信？

9. 为什么慧莲喜欢用写信的方式和家人联系？

10. 以下对慧莲的描述哪项是不正确的？

答案： 1. A 2. C 3. D 4. B 5. A
　　　　 6. C 7. A 8. B 9. B 10. D

三、听完录音以后，请同学们自由讨论下面的两个问题

答案： 略

三、HSK模拟练习题

一、听下列句子，选择正确答案

1. 男：罗伯特的口语已经很好了，安娜比他说得还要好。
   问：两人相比，谁的口语更好？

2. 男：听说他的汉语很好，还得过汉语演讲比赛的二等奖呢，可谁知道是不是真的好呢？
   问：说话人是什么意思？

3. 男：你赶快选一本书吧，再有十分钟借书处就下班了。
   问：说话人最可能在哪儿？

4. 男：复习不复习都可以，反正明天也没有考试，咱们出去看电影吧。
   问：说话人想去做什么？

5. 男：报告7点就开始了，现在只差半个小时，坐公交车肯定是来不及了，我们打的走吧。
   问：说话人认为应该怎么办？

6. 男：虽然昨天把这一单元学完了，可上个星期才考过，我觉得今天不会再考试了。
   问：说话人为什么觉得不会考试？

7. 男：为了今天的考试，昨晚我熬了一个通宵。
   问：说话人昨晚做了什么？

8. 男：这支笔不是小刘的，是我向小张借的，小王，你能帮我还给她吗？
   问：这支笔是谁的？

9. 男：我一般上午上课，下午自己学习，晚上就和同学一起聊聊天，打打球，有时也学习学习。
   问：男的一般下午做什么？

10. 男：这个学期我从图书馆借了十多本汉语书，还有五六本英语书，比我买的书还多呢！
    问：男的是什么意思？

答案：1. A 2. B 3. C 4. C 5. D
      6. A 7. A 8. C 9. C 10. D

二、听下列对话，选择正确答案

1. 女：这个星期五就是选课的截止日期了，你选完课了吗？
   男：选完了，除了必修课还选了选修课，但选得不多，武术、电影欣赏和书法。我还想选太极拳，可上课的时间和必修课相冲突，真遗憾啊！
   问：男的没有选哪门课？

2. 女：我们还等不等他？都等了半个多小时了。
   男：再等等吧，反正还有一个多小时才开始开会。
   问：女的是什么态度？

3. 女：昨天你怎么没来上课呢？是不是又感冒头疼了？
   男：下午踢球的时候一不小心把脚扭伤了。
   问：男的为什么没有来上课？

4. 女：小李，早就听说你妈妈要过来看你，她已经来了吗？
   男：本来说是上周五来的，可火车票实在是太紧张了。
   问：小李的妈妈来了没有？

5. 女：现在买车便宜是便宜，手续办得也挺快，可就是每个月的油费受不了。

   男：你说的是，养路费啊、保险费啊什么的，的确不少，可是有车也给你自己带来了不少方便啊！

   问：女的在抱怨什么？

6. 女：你这件大衣真漂亮，得一两千吧？

   男：哪有那么贵？我最不讲究穿了，倒是在吃上讲究些。

   问：男的是什么意思？

7. 女：人都到齐了，试卷都准备好了吗？发下去吧。

   男：还差五分钟才开始呢，再等等吧。

   问：对话最有可能发生在什么地方？

8. 女：从加拿大到这儿需要十多个小时，吃了两顿飞机餐，现在一点儿胃口也没有。刚下飞机，觉得这儿太热了，一下子还不能适应。身体很不舒服。

   男：这两天多休息休息，先把时差倒过来，就会慢慢适应的。

   问：男的认为女的身体不舒服的主要原因是什么？

9. 女：我听说最近你每天都跑步一个小时，有时候还游泳，坚持得这么好，真有毅力啊！

   男：说实在的，坚持运动是挺难的，但我看着镜子里的自己一天比一天瘦下来，就觉得什么苦都能吃了。

   问：男的在做什么？

10. 女：你今天上午有没有给我打过电话？上午开完会后，我发现我的手机上有一个未接电话，不知道是谁打的。

    男：儿子上午打电话给我了，说是打你手机没有人接，原来你一直在开会啊。

    问：他们俩可能是什么关系？

答案：1. C　2. A　3. C　4. A　5. A
　　　6. B　7. A　8. B　9. C　10. D

第二课　到老师家做客

课　文

一、到老师家做客

大　　卫：张老师、师母，过年好！祝你们在新的一年里，身体健康！全家幸福！

玛　　丽：这是我们自己做的蛋糕，请你们尝一尝。

师　　母：看样子就知道很好吃，谢谢你们。不过，下次来可别带东西了，你们来我们就很高兴。

张老师：快请屋里坐。你们的拜年很地道啊。在中国呆了一年，就成中国通了。玛丽，你这身红衣服也很中国啊。

玛　　丽：中国人不是讲究过新年穿新衣嘛。为了过个喜气洋洋的春节，我不光买了这套红衣服，还买来了福字、对联、灯笼什么的，把我的房间装饰得特别漂亮。欢迎张老师有空的时候到我的房间去参观。

张老师：好啊！你的宿舍一定是既有西方特点又有中式风格的"混血儿"了。

玛　　丽：可不！有空您一定去啊。我房间的墙上贴满了我的照片，包括在英国的家里照的和在中国旅行的时候照的。

师　　母：你们吃点儿水果吧。我给你们泡茶去。

大　　卫：谢谢您了，师母！您别忙活了。对了，张老师，听说中国人过年的时候都是全家人在一起，而且晚辈要给长辈拜年，是这样吗？

张老师：是啊，不过我的两个孩子都在国外读书，他们现在过圣诞节不过春节了。说实话，我倒挺希望他们能回来一起过春节，但是想到他们为了学业，也就理解了。好在现在电话、网络都很方便，可以经常联系。这不，除夕那天晚上，他们就是通过网络给我们拜年的。

玛　　丽：嗯，前几天我妈妈生日的时候，我还通过网络给妈妈买了鲜花，她收到以后特别高兴，说好像感觉我还在她身边一样。

师　　母：	其实不管怎么样，孩子在外边，当家长的总是会有些担心，中国不是有句俗话说"儿行千里母担忧"嘛。
大　　卫：	哦，对了，张老师，上次在您这儿借的书，今天忘了带来了，真不好意思。您着急用吗？
张 老 师：	没关系，不着急。什么时候再来记得带来就行了。哦，你们还没吃午饭吧，就在我们家吃吧，让你们师母给你们露一手。
大　　卫：	太好了，我最爱吃中国菜了。
玛　　丽：	我来帮师母。

一、请仔细听课文录音，然后判断下列句子是否正确

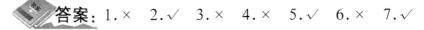

答案：1.×　2.√　3.×　4.×　5.√　6.×　7.√

二、请再仔细听一遍课文录音，然后根据课文内容选择正确答案

　　1.玛丽和大卫去张老师家的最主要的目的是什么？
　　2.玛丽邀请张老师去哪儿参观？
　　3.玛丽的房间有什么特点？
　　4.张老师的爱人用什么来招待玛丽和大卫了？
　　5.玛丽在她妈妈过生日的时候是怎么表示的？
　　6.那天中午大卫和玛丽会在哪儿吃午饭？

答案：1.B　2.C　3.C　4.C　5.D　6.A

三、听完录音以后，请同学们自由讨论下面的两个问题

答案：略

二、拜访礼仪的三个步骤

　　做客拜访是日常生活中很常见的交际形式，也是联络感情、增进友谊的一种有效方法。下边是拜访礼仪的三个步骤：

　　1.拜访前要预约

　　尽量不做不速之客。现在通信设备发达，打算拜访某人，尽量提前打一个电话，与对方约定时间、地点。如果不认识对方，只要注意礼节，说明意图，

对方一般是不会介意的。如果是与本公司有业务联系的客户,这样做会使他们觉得礼仪周全,更愿意与你合作。

2.拜访前要有周密的计划

哪怕是在他门前徘徊两小时,也不能头脑空空地进入对方的大门。为了赢得会谈的成功,有效地达到会谈的目的,必须做详细周全的计划,可以拿出纸笔来做提示性的记录。这样才能确保你的谈话简单明了,给对方留下很好的印象。

3.控制时间最重要

为了增加对方对自己的好感,要学会控制会面的时间。特别是有地位的人一定都很忙,当他愿意抽出一点时间与你见面时,你必须把握每一个瞬间,简明扼要地提出意见。谈话内容尽量充实,时间尽量缩短,这样对方一定欣赏你的效率,下回还肯再为你抽出时间来会谈。如果不是特殊事件,一般约会的时间能有十五分钟也就足够了。实际上,当你事前和双方联络的时候,可以说:"我想去拜访您,能否请您抽出十五分钟的时间?"经过这样的试探,无论是多么忙碌的人都应该肯设法抽出一点时间给你。假如你觉得十五分钟不太够用,希望能延长会面的时间,会面的时候根据当时的情况再提出要求。

当会面时间差不多过了十五分钟以后,你就应该起身告辞,除非对方愿意,否则绝不能占用别人过多的时间,你必须表现出重视对方宝贵时间的态度。

一、请仔细听课文录音,然后判断下列句子是否正确

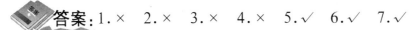

答案:1.× 2.× 3.× 4.× 5.√ 6.√ 7.√

二、请再仔细听一遍课文录音,然后根据课文内容选择正确答案

1.拜访礼仪的第一个步骤是什么?
2.怎样做有助于制订出周全的会谈计划?
3.控制会谈时间的好处不包括下面哪项?
4.一般会谈多长时间可以够用?
5.如果原定的会谈时间不够,你该怎么办?
6.下面哪种情况的人最应该知道这篇短文的内容?

答案:1.B 2.B 3.D 4.B 5.D 6.A

三、HSK模拟练习题

一、听下列句子，选择正确答案

1. 男朋友看我一个人在北京怪孤单的，叫我去他家玩儿，还说要开车来接我，真是不好意思，给人家添麻烦了。
   问：说话人为什么不好意思？

2. 朋友总邀请我去喝酒什么的，每次都想找借口拒绝，又怕伤感情，头疼死了。
   问：说话人对和朋友一起喝酒的态度是下面哪一项？

3. 接到老板邀请，保持沉默是最好的。因为如果老板没当众邀请你，多半他也不希望别人知道。
   问：老板不当众邀请你的原因可能是下面哪一项？

4. 打电话求职，应该在公司工作时间，一般来说，上午9:30到11:00以及下午1:30到4:30之间较为合适。
   问：如果想打电话应聘某个职位，下面哪个时间打电话比较好？

5. 越来越多的公共场所，比如音乐厅、会议室、手术室，都把手机列为不受欢迎的对象。进入此类场所，最好将手机关闭或静音。
   问：这段话中的"不受欢迎"是什么意思？

6. 别人如果指出你的毛病或者提出建议的时候，要虚心倾听和思考，最好不要当面直接否定。哪怕不采用，多一种方法，多一个人帮助你找到缺点都是好的。
   问：这段话的主要意思是什么？

7. 公司里来了不速之客，应态度和蔼地询问对方姓名、单位、来访目的，然后请示领导并由领导决定是否会见。
   问：对没有预约的客人的态度应该是哪一个？

8. 这件事是他不对，不过，话又说回来，你们这么多年朋友，你还不知道他那脾气吗？
   问：说话人是什么意思？

9. 一个人不管有多聪明，多能干，家庭条件有多好，如果不懂得如何去做人、做事，那么他最终的结局肯定是失败。

问：说话人是什么意思？

10. 姐姐，那本书我买到了，不麻烦你了哦。

问：说话人的意思是什么？

答案： 1. B　2. A　3. D　4. A　5. C
　　　　6. D　7. A　8. D　9. C　10. D

二、听下列对话，选择正确答案

1. 男：这个楼盘的销售小姐太热情了，让人感觉好像她们的房子卖不出去一样。

   女：是啊，我们还是去看看别的吧。

   问：两人为什么要去看别的房子？

2. 女：太受不了了，早上来上班的时候，电梯里挤的要命不说，开门的时候，外面的人一拥而上，我想下都下不来，又上了两层才挤了出来。

   男：上班的时间大家都着急，但是也得先下后上啊。

   问：女的为什么生气？

3. 女：真的感觉压力越来越大，让人喘不过气来。好想放松放松啊，什么时候才能痛痛快快地出去玩儿一玩儿呢？

   男：只要你真想去，时间总是能挤出来的。

   问：男的是什么意思？

4. 男：干吗打扮那么漂亮啊？又不是让你出席宴会？

   女：自己老婆漂亮点儿你不觉得很有面子吗？

   问：这两个人最可能是什么关系？

5. 男：老师，您能告诉我这次考试我得了多少分吗？

   女：成绩现在还没出来，下周一能出来。到时候你可以上网查询你的成绩。

   问：老师为什么没告诉他他的成绩？

6. 女：喂，你好。哎呀，你还没起床吧？真不好意思，打扰你休息了。

   男：没关系，你正好叫我起床了，顺便也叫我女儿了，要不她可能又得不吃早饭去上学了。

问：女的打电话的时候男的在做什么？

7. 男：你先到对面的快餐店等我一会儿吧，路上堵车。
   女：你就不能提前点儿出门吗？什么事啊？每次都拿堵车当借口。
   问：女的为什么生气？

8. 女：我爸还得在医院住几天，我最早下周二回去。你照顾好孩子啊！
   男：好的，放心吧。用不用我替你去单位请个假？
   问：女的为什么下周二才回来？

9. 男：各位女士喜欢什么口味的菜？这里川菜、鲁菜做得都不错。
   女：清淡点儿的就行，怎么样？
   问：这段对话可能发生在什么地方？

10. 女：小王这几天中午休息时间都看书，真够用功的。
    男：是啊，听说他报了个班儿学二外呢。
    问：午休时间小王通常做什么？

答案： 1.C 2.D 3.B 4.B 5.C
         6.A 7.B 8.B 9.C 10.D

第三课　请求帮助

课　文

一、租房

玫瑰：老师，我不想在宿舍住了，想出去租房住。

老师：为什么？

玫瑰：我原来就觉得宿舍太挤了，不到15平方米的地方两个人一起住，后来我的同屋又有了男朋友，她男朋友经常过来玩儿，让我觉得很不方便。最重要的是下个月我就要参加HSK考试，我需要安静的环境复习准备。我想了很久，干脆搬出去住吧，一个人住更自由。

老师：一个人住自由是自由，可是也会容易孤独；另外，交通问题啊，安全问题啊，这些都要好好儿考虑。

玫瑰：您说得对。我想最好和别人一起租两室一厅的房子，我住一间，另外一个人一间，这样既不孤独，每人又有自己独立的私人空间。

老师：听上去倒是不错，不过找一个合适的合租对象也很困难啊。你想找留学生还是中国朋友一起合租呢？

玫瑰：各有各的好处吧，我还是更希望找一个性格开朗的中国朋友。这样我还可以在课后多学一点儿汉语呢！

老师：除了安全，租房的另一个重要因素是位置。不要离学校太远了，要不会很不方便的。

玫瑰：我也是这么想的。我去房屋中介公司租房的时候，会把这个要求告诉他们的，如果骑自行车的话，我希望从家到学院的时间最多一刻钟。

老师：去中介公司租房比较放心，但是你一定要找正规的中介公司。

玫瑰：听说中介公司介绍房子要收费？

老师：对，一般是收取一个月的房租。贵是贵点儿，但让人放心。因为中介公司不仅要帮你找房，还要帮你和房东拟合同呢。

玫瑰：那签租房合同时要注意什么呢？

老师：首先，你要和房东商量好房租，光说好一个月多少钱这还不够，还要问清楚是多久交一次，一般是一个季度或半年。其次，要事先说好房租以外的其他费用，例如水电费、物业管理费和暖气费等等。最后，要说明如果房东中途不想租给你，或者你不愿意继续租的话，应该承担什么样的责任。

玫瑰：太谢谢您了。我现在就按您说的去中介公司看看租房信息。

一、请仔细听课文录音，然后判断下列句子是否正确

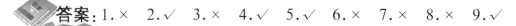答案：1. ×　2. ✓　3. ×　4. ✓　5. ✓　6. ×　7. ×　8. ×　9. ✓

二、请再仔细听一遍课文录音，然后根据课文内容选择正确答案

1. 根据课文内容可以知道玫瑰现在住在哪儿？
2. 玫瑰想要搬出去住的最重要的原因是什么？
3. 一个人住很自由，但不好的地方是什么？
4. 玫瑰想要怎么租房？
5. 玫瑰想找什么人一起合租？
6. 玫瑰希望找的同屋能够帮助她做什么？
7. 玫瑰希望从家到学校最远不超过多少？
8. 玫瑰计划通过怎样的方式来租房？
9. 课文中没有提到的费用是哪一项？
10. 根据所听到的内容判断以下哪项是正确的？

答案：1. C　2. C　3. B　4. A　5. B
　　　6. D　7. C　8. B　9. C　10. C

三、听完录音以后，请同学们自由讨论下面的问题

答案：略

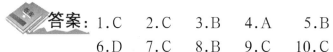

　王丹家养了一只非常可爱的小狗，因为它跑得很快所以王丹叫它奔奔。奔奔今年不到两岁，胖乎乎的身子，短短的腿，还有圆溜溜的大眼睛，别提多惹

人喜爱了。可是上个星期天,奔奔丢了。那天早上,王丹的妈妈带着奔奔出去散步,走着走着来到了菜市场,她妈妈想干脆顺便买一点儿新鲜的蔬菜回去吧。于是就带着奔奔走进了喧闹拥挤的菜市场,市场里的人很多,挤得都快转不开身了。才一会儿工夫,她妈妈双手就提满了菜,可这时才突然发现奔奔不见了。她妈妈在菜市场找了一圈又一圈,还是没有找到奔奔。

奔奔不见了,王丹他们全家都很难过,非常替奔奔担心,不知道它去哪儿了,现在怎么样了,是不是被好心人收养了呢?后来王丹想出了一个好主意,写寻狗启事。说做就做,第二天,附近几个小区的海报栏上就贴出了这样一则启事:

寻狗启事

我们家的小狗奔奔于12月6日早上7时左右在幸福街菜市场附近不慎走失。右边是我们家小狗的照片。

奔奔在我们家生活了将近一年,与我们感情深厚,所以对提供线索者我们必有重谢!

联系电话:138××××××××

想不到的是,才过了三天,就有人打电话到王丹家,说见到了流浪的奔奔,并把奔奔送了回来。奔奔终于安全回家了,王丹全家都别提有多高兴了!

一、请仔细听课文录音,然后判断下列句子是否正确

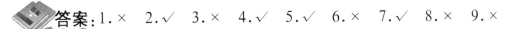

答案:1.× 2.√ 3.× 4.√ 5.√ 6.× 7.√ 8.× 9.×

二、请再仔细听一遍课文录音,然后根据课文内容选择正确答案

1. 王丹家养的小狗今年多大了?
2. 小狗为什么叫奔奔?
3. 以下哪项对奔奔的描述文中没有提到?
4. 奔奔是什么时候走丢的?
5. 王丹的妈妈路过菜市场时想买什么东西?
6. 发现奔奔不见了之后妈妈做了什么?
7. 他们在什么地方张贴出了寻狗启事?
8. 奔奔在王丹家生活了多长时间?
9. 王丹家对提供奔奔线索者有怎样的承诺?

10. 奔奔是怎么回到家的?

答案: 1.D 2.B 3.D 4.C 5.A
　　　　　　6.B 7.B 8.D 9.A 10.C

三、听完录音以后,请同学们自由讨论下面的两个问题

答案: 略

三、HSK模拟练习题

一、听下列句子,选择正确答案

1. 女: 什么名啊,利啊,都不是最重要的,现在啊,大家最重视的问题就是健康,只有身体是自己的。
   问: 这句话是什么意思?

2. 女: 在我们家,大事爸爸说什么就是什么,小事妈妈做主。但事实上,爸爸妈妈都听我的。
   问: "我们"家谁说了算?

3. 女: 现在养狗的家庭越来越多了,光我们一个小区就有十多家养狗的,晚上去散步都得小心。
   问: 女的对养狗的态度是怎么样的?

4. 女: 怎么说好的事情变来变去呢? 去昆明开的这个会,不是李主任去开吗? 张局长上个星期就说定了的呀,怎么今天换成了小张和老赵去了?
   问: 本来应该是谁去开会的?

5. 女: 现在养一个孩子可真不容易啊,不说穿衣吃饭,光是教育的费用就很高。从幼儿园就开始一直到大学,培养一个大学生需要十多年的时间。
   问: 女的最可能站在谁的角度说话?

6. 女: 他才25岁就博士毕业了,再过两年就是副教授,不到35就一定能评上教授,真可谓是前途无量啊。
   问: 女的是什么意思?

7. 女：昨天商场店庆搞特价，你昨天去买就好了，今天活动已经结束了。
   问：女的是什么语气？

8. 女：明天就是国庆节该多好啊，真想出去走一走，这段时间实在是太忙了，忙得我的身体都有些吃不消了。
   问：女的怎么了？

9. 女：别看他平时不爱说话，但关键时刻还是挺会说话的，看他今天在大会上的发言，足足说了十多分钟，真是看不出来啊。
   问：这段话告诉我们什么？

10. 女：怎么越修越不好啊，原来我的手表还只是走得太慢，你修了以后连走都不走了。
    问：手表怎么了？

答案：1.D 2.A 3.B 4.D 5.A
      6.D 7.B 8.B 9.B 10.D

二、听下列对话，选择正确答案

1. 男：屋子里有一张床，一张桌子，两个柜子和三把椅子，你都可以用。水电费另算，不包括在租金中。
   女：行，我们现在就签合同吧。
   问：他们最可能是什么关系？

2. 男：晚上我请你吃饭，谢谢你上次帮我的忙。要是你丈夫也方便的话，叫上他一起来吧，我们先去吃饭，然后去打保龄球。你觉得怎么样？
   女：谢谢你，他恐怕来不了，他早就约好今天晚上和一个客户吃饭了，我想早点儿回家，改天我们再一起吃吧。
   问：女的晚上可能怎么吃饭？

3. 男：用不着你帮我，就这么点儿东西，难道说我一个男子汉还搬不了？我一定能办得到。
   女：可不要勉强啊，需要的话就说一声啊。
   问：这段对话告诉我们什么？

4. 男：我想破了头的问题，你怎么可能才用三分钟就想出来了呢？一定是以前就准备过。

女：还真没有，只要思路对了，灵感一来，很快就做出来了。
问：关于男的，我们可以知道什么？

5. 男：帮我从这个存折取出一千块钱，再把剩下的钱放到另一个存折里。谢谢。
   女：请在这张纸上签字。
   问：他们最可能在做什么？

6. 男：你走了也不和他的父母打声招呼，似乎有点儿不太好，还是打个电话说一下吧。
   女：算了吧，下次注意就是。
   问：男的要女的做什么？

7. 男：你总说不用担心，不用着急，可现在你看，飞机票都卖完了，我们怎么按时赶回去上班啊，坐火车肯定会迟到，更何况坐船呢？
   女：你的意思是没买到票都是我一个人的错了？
   问：他们原来想买什么票？

8. 男：我怎么一天比一天胖了呢？我也没有吃什么啊，真愁人。
   女：虽然你没有多吃，可是也没有运动啊。有空的时候多跑跑步，打打球，游游泳什么的。
   问：他们在讨论什么？

9. 男：明明应该找我7块钱的，怎么就找给我5块？不行，我要回去找他说清楚。
   女：算了吧，可能是弄错了，人家工作也不容易，那么多人在排队等着买，一忙起来就容易出错。
   问：女的劝男的做什么？

10. 男：一般情况都是男的比女的高一点儿，这对夫妻却相反。让人看上去有点儿不习惯呢。
    女：我想妻子可不能再穿高跟鞋了，否则她就更高了。
    问：这段话告诉我们什么？

答案：1. D 2. C 3. B 4. D 5. C
6. B 7. B 8. A 9. B 10. A

第四课　打不打针？

课　文

一、打不打针？

女：我说，快来看看，孩子体温还没降下来，都38度5了，赶紧去医院吧。

男：哎，你总是这样，孩子一点儿小病就紧张得不得了，动不动就去医院，去了就打吊瓶，你知道吗？这样会让孩子的抵抗力下降的。

女：有病就该治嘛，不去医院，万一拖成大病怎么办？再说，看着孩子咳嗽得那么厉害，我觉得比我自己生病还难受。真希望生病的是我，不是他啊。

男：你不要那么担心，人哪有不生病的？可是人体自身也有战胜疾病的能力啊！等过一段时间就会好的。

女：别瞎说了，要是这样，还要医院干什么？你就会说等等，可是要等到什么时候呢？孩子发烧两天了，我都要担心死了。孩子这么小，他有多难受自己又不会说，怎么能不赶紧给他治呢？

男：我们也给他吃药了啊！多喝水，听我的，再观察观察吧。如果体温超过39度，咱们就去医院，好不好？

女：哪有你这么当爸爸的？自己有个头疼感冒的吃点儿药就过去了，孩子可不能这样，他还小啊。38度多，已经够高的了啊！就是你这样，做什么事情都一拖再拖，懒得要命，才长得这么胖，也不想想怎么减减肥。

男：好好好，去就去吧，不过我们和医生说明，能吃药治就尽量不打针，好不好？

女：好的。快走吧。

（在医院）

医生：孩子病了吗？什么症状？

妈妈：是啊，昨天开始咳嗽，发烧。来这儿之前刚测了体温，38度5。

医生：嗯，来，让我看看他的嗓子。嗯，先拿这个化验单去验一下血吧。

妈妈：好的。

（过了一会儿）

大夫，您看，这是化验结果。没事儿吧？严重吗？

医生：是呼吸道感染。打两天点滴吧。

妈妈：吃药可以吗？

医生：最好是打点滴，这样好得快，最近流行的呼吸道感染很厉害，如果拖时间长了，可能会引起其他疾病。

妈妈：好吧。谢谢您，大夫。

医生：不客气，两天以后再来复查一下。

练习

一、请仔细听课文录音，然后判断下列句子是否正确

答案：1.× 2.√ 3.× 4.√ 5.× 6.√ 7.√ 8.×

二、请再仔细听一遍课文录音，然后根据课文内容选择正确答案

1.爸爸反对动不动就去医院的主要原因是什么？
2.爸爸为什么认为"过一段时间病就会好了"？
3.妈妈认为小孩生病与大人生病有什么不同？
4.孩子发烧多长时间了？
5.父母给孩子采取了哪些措施？
6.父亲认为什么情况下应该带孩子去医院？

答案：1.D 2.D 3.C 4.B 5.B 6.B

三、听完录音以后，请同学们自由讨论下面的问题

答案：略

二、什么样的人应该减肥

人们为什么要减肥呢？首先要确定"肥"的标准。这用几句话很难说清楚，因为不同的地方不同的历史时期，标准都不一样。比如，中国唐代的皇妃都比较胖，当时的人却觉得很美。以后朝代的审美标准也都不尽相同，可是，随着社会的发展和生活水平的提高，胖的标准也在逐渐变化，人们以瘦为美，越来

越多的人觉得自己胖。

有人说,胖有两种标准:一种是别人认为你胖,另一种是你自己认为你胖。其实这两种标准都不一定正确。科学的计算方法是身高减去110就是标准体重。比如,你的身高是165厘米,减去110,你的标准体重就是55公斤。稍高于这个数字并不算肥胖,高很多就是肥胖了。另外,男人和女人的标准也应有差异。

在我看来,下面两种人应该减肥:

一、不喜欢走路及各种运动的人。这种人如果跑几步路马上就会气喘吁吁,坚持不了几分钟。

二、食欲过于旺盛的人。这种人就算是刚刚吃饱,看到好吃的东西一样还是非常想吃。

那么这两种人怎么才能有效地解决肥胖问题呢?

我认为加强体育锻炼比节制饮食好得多。所以,我推荐一个好办法,那就是跑步。我说的这个跑步不是指短跑,而是至少五公里以上的长跑。大家一定吓一跳,啊?五公里,累死了。其实没必要那么紧张,刚开始的时候,能跑100米也好,哪怕像快走也没关系。重要的是一天比一天跑得多一点就行。慢慢就习惯了。

但是,还要说一句,跑步的时候,一定要注意,不出汗是没有效果的。经过一段时间,大家肯定会发现自己身体的变化,还有可能重新找到年轻时活力充沛的感觉呢。

一、请仔细听课文录音,然后判断下列句子是否正确

答案:1.×　2.√　3.×　4.√　5.√　6.×　7.√　8.×

二、请再仔细听一遍课文录音,然后根据课文内容选择正确答案

1.下面哪个时期的人以胖为美?
2.身高165厘米的人的标准体重应该是多少?
3.下面哪项是作者认为的应该减肥的人?
4.作者认为能达到减肥目的的跑步应该跑多远?
5.下面哪些是跑步时必须注意的事项?
6.作者认为跑步除减肥以外还有什么好处?

答案:1.A　2.C　3.D　4.D　5.B　6.D

三、听完录音以后，请同学们自由讨论下面的两个问题

答案：略

三、HSK模拟练习题

一、听下列句子，选择正确答案

1. 现在的年轻人也真是的，结婚非要买上个钻戒，我们那会儿都没那玩儿意儿也一样过到现在。
    问：说话人对年轻人结婚买钻戒的态度是什么？

2. 感冒吃了一个星期的药，不但没好，反而更加严重了。
    问：说话人现在的身体情况怎么样？

3. 这段时间总是每天凌晨三点准时醒来而且无法入睡。吃了些安神的药，但是感觉效果不是很明显。
    问：根据这段话，我们可以推测说话人得了什么病？

4. 如果你在日常生活和工作中是长时间坐着的，那么就得注意身体中是否有内脏脂肪的大量堆积。
    问：下面哪种职业的人是这段话提醒的对象？

5. 我的护肤秘诀不是什么名牌化妆品，而是多喝水，非常简单。
    问：说话人保护皮肤的方法是什么？

6. 从明天开始我不坐电梯了，爬楼梯，每天五个来回，争取一个月内把体重减到200斤以下。
    问：说话人为什么爬楼梯？

7. 闷热的天气使户外运动的人少了，走进健身房的人多了。
    问：更多的人去健身房的原因是什么？

8. 在锻炼前热身就像开车前给车预热一样，是获得理想效果的重要一步。
    问：锻炼前要做什么？

9. 运动完以后洗个热水澡，精神特别好，睡眠也好，第二天工作效率也就特别高。
    问：这句话的主要意思是什么？

10. 人吃五谷杂粮哪有不生病的?
    问：这句话的意思是什么?

答案：1. C   2. B   3. B   4. D   5. A
          6. A   7. C   8. B   9. C   10. B

二、听下列对话，选择正确答案

1. 男：趴桌子上睡多难受啊，回宿舍休息休息吧。
   女：都是让感冒药给弄的，怎么也打不起精神。
   问：女的为什么困?

2. 女：到这儿运动要花不少钱，你认为值得吗?
   男：当然值得，花钱买健康嘛。自己运动常常坚持不下来。
   问：这段对话可能发生在什么地方?

3. 女：请问您对"看病难"有什么意见和想法?
   男：我主张小病到社区医院看，不要动不动就去大医院。
   问：男的的观点是什么?

4. 女1：孩子啊，妈妈听说减肥会减智商，咱可别干那傻事儿，现在学习
          最重要啊。
   女2：那我只好眼看着那些漂亮衣服望洋兴叹了。
     问：妈妈为什么反对女儿减肥?

5. 女：现在很多的减肥药广告说谁谁谁吃了什么什么牌子的减肥药瘦
       了多少多少，也不知道是真是假。
   男：我觉得八成是找的"托"。
   问：男的对减肥药广告的观点是什么?

6. 女：得这个病主要是什么原因呢?
   男：我觉得可能有很多原因，要说主要嘛，得说饮食方面，吃得太多、
       油水太大。
   问：男的认为生病的主要原因是什么?

7. 女：频频发生撞车事故的原因是什么呢?是驾驶技术不过关，还是
       身体状况不过关?

男：要说驾驶技术，我当过驾校校长，技术绝对一流。发生交通事故主要是开车时经常困。

问：男的的驾驶技术怎么样？

8. 女：老公真了不起，烟说戒就戒了。

男：是啊！我听说吸烟的人中95%知道吸烟有害，50%的想戒烟，而真正戒烟成功的只有5%。

问： 100个吸烟的人中，会有多少人戒烟成功？

9. 男：经常有人拿胖开我的玩笑，我该怎么办呢？

女：人家说你胖的话也不是完全不好，这样难道不能激励你努力让自己变得不胖吗？

问：女的给男的的意见是什么？

10. 男：看你身材这么好，一点儿都不像刚生完孩子的。

女：哪儿啊，比以前胖喽。

问：根据这段对话我们可以知道什么？

答案： 1.C　2.D　3.C　4.C　5.D
　　　　6.C　7.A　8.A　9.D　10.D

第五课　请你陪我买手机

课　文

一、请你陪我买手机

金相宇：这个周末你有空儿吗？我想请你陪我去一趟商场。

王　丹：周六我的一个朋友要到我这儿来玩儿。周日我有空儿，行吗？

金相宇：没问题，我哪天都行。我想买一个新手机。

王　丹：怎么？你原来的手机丢了吗？

金相宇：没有丢，我的手机是三年前买的了，想换一个新的。

王　丹：现在电子产品的确更新得很快，不要说三年前买的，就是三个月以前买的说不定现在就已经落后了。

金相宇：你说得对。我的手机很多新的功能都没有，例如拍照啦，摄像啦，上网啦，我觉得不太方便。可我的汉语不太好，而且对手机了解得也不多，所以想请你帮帮我，麻烦你了。

王　丹：你别这么客气，我很愿意帮助你，只是不知道你想买什么样的？

金相宇：我原来用的是翻盖的，很小巧，又方便携带，我很喜欢。不过他们说直板手机质量更好。

王　丹：那也不见得。质量应该和是不是翻盖没有很大关系。如果你喜欢小巧的手机，现在还有一种滑盖的，比直板手机小，不知道你见过没有？

金相宇：我见过，好像玫瑰用的手机就是，我很喜欢。

王　丹：除了体积小，你对手机还有什么别的要求吗？比如要不要能收发彩信，能听音乐啊？

金相宇：彩信能发照片吧？我要彩信功能，我原来的手机就只能发文字信息，同学给我发的照片我都看不到，真遗憾啊！如果说能发彩信的话，手机最好也能拍照。这样一来，我也能把我的照片发给他们了。

王　丹：我上网帮你查查，你要滑盖、能发彩信的，过来看看，这款手机怎么样？有黑色和银色两种。

金相宇：看上去还不错，我更喜欢银色的。我们去百货商店看看再说吧。

王　丹：我们先把这个型号记住了，去了也好找一些。你刚才说去百货商店买？

金相宇：对啊！

王　丹：我觉得百货商店的手机品种不如专门的手机市场全。如果你想多挑挑，还是去手机市场更好。而且我听说周末的时候在那儿购买手机还经常搞活动呢！比如说，买手机送手机套啦，有奖销售啦，说不定你还能参加抽奖，获得意想不到的礼物呢！

金相宇：太好了。我们就去手机市场吧。有你陪着我，我一定能买到合适的手机。这个周日我们一起去，现在就约好见面的时间吧。

王　丹：八点半怎么样？就在你们留学生楼下见面。

金相宇：好。我先谢谢你了。我们周日见。

王　丹：好，再见。

一、请仔细听课文录音，然后判断下列句子是否正确

答案：1.√　2.×　3.×　4.√　5.√　6.×　7.√　8.√

二、请再仔细听一遍课文录音，然后根据课文内容选择正确答案

1.为什么周六王丹没有空？

2.为什么金相宇想买一个新手机？

3.金相宇的手机有以下哪种功能？

4.为什么金相宇很喜欢现在用的这款手机？

5.金相宇比较喜欢哪一种颜色的手机？

6.金相宇最开始想去哪儿买手机？

7.他们相约什么时候见面？

8.他们约好在哪见面？

答案：1.C　2.B　3.A　4.B　5.A　6.B　7.D　8.D

三、听完录音以后，请同学们自由讨论下面的两个问题

答案：略

二　　五厘米的距离

　　一家规模比较大的公司到内地某城市的商贸一条街开了家专卖店,左邻右舍卖同类商品的有好几家,结果这家商店一开张就出现了销售量很低的情景,货是同样的货,价格也是同样的价格,而相邻的商店生意却一派繁荣。

　　商店经营者做了一番市场调查终于弄清原因:原来,内地城市的消费者相信老牌的商店,对一个新来的商店一时还不认可。

　　为了吸引顾客,这家商店利用传统的有奖促销方式,但情况依然没有好转。眼看商店到了快关门的尴尬境地,商店的管理层在内部出重金购买拯救商店的好点子。

　　消息发出的当天,这家商店门口打扫卫生的保洁员前去献主意。

　　商店的高层对眼前这位保洁员很是吃惊,不相信她会有什么好办法。这位保洁员知道他们对自己持怀疑态度,说:"你们可以按我说的去做,如果成功了再奖励我也不晚。"

　　这位保洁员的办法很简单,就是在商店门口的行人过道上铺上非常漂亮的地砖,但挨着商店门口的这边比另外一边要低5厘米。

　　商店的主管部门将信将疑地按这位保洁员的主意把商店门口的过道改造了一番。

　　人行过道改造完毕的当天,因商店门口是很微小的倾斜,过往的行人不容易察觉,但走着走着就来到了商店的门口。于是他们就抱着反正已经到了门口就进商店看看的想法踏进了门坎儿。货比货,价比价,踏进商店了,顾客马上就发现原来这里也很不错。

　　第二天、第三天……越来越多的行人因倾斜地砖给"斜"进了这家商店。就这样,这家商店的营业额在同类中一直保持最高。

　　商店在奖励那位保洁员的时候,问她是怎么想到这个办法的,保洁员笑着说:"你们难道没有发现高速公路的交叉转弯处的公路都是倾斜的吗?听说这样司机不怎么打方向就开了转弯车。"

　　众人一听,恍然大悟,感慨为什么自己就没有想到。是啊,谁会想到眼前这些不起眼的变化,或许就成了你在社会上制胜的法宝呢?

(据《江南时报》改写)

一、请仔细听课文录音，然后判断下列句子是否正确

答案：1.× 2.× 3.× 4.√ 5.× 6.× 7.√ 8.√

二、请再仔细听一遍课文录音，然后根据课文内容选择正确答案

1. 这家商店开在什么地方？
2. 为什么一开始商店的生意不好？
3. 就商品销售量较低的问题，谁做了一番市场调查？
4. 商店管理层什么时候重金购买好点子？
5. 谁给公司高层献上了提升销售额的好点子？
6. 高层看到来献点子的这个人的第一反应是什么？
7. 是什么"拉"着顾客走进了这家商店？
8. 想到这个好点子的人是从哪儿获得的灵感？

答案：1.A 2.D 3.A 4.A 5.B 6.B 7.D 8.C

三、听完录音以后，请同学们自由讨论下面的两个问题

答案：略

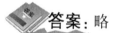

一、听下列句子，选择正确答案

1. 男：让小王来做，还不如我自己做呢！
   问：男的是什么意思？

2. 男：今天怎么还吃豆腐啊，天天都是一样的菜！
   问：男的是怎样的口气？

3. 男：路上塞车，让大家久等了，真抱歉啊！
   问：关于说话人，我们知道什么？

4. 男：如果你明天不去医院的话，后天只能你自己去了，我不能陪你。
   问：男的是什么意思？

5. 男：走高速虽然贵，但是比走普通公路快多了，咱们的时间比较重要。
   问：男的是什么意思？

6. 男：有手机的时候不觉得它的重要，一旦没有了，就马上感觉到它的用处了。现在我无论做什么都感觉不方便。
   问：这句话告诉我们什么？

7. 男：你这个手机买得很值，我上个星期买了一个一模一样的，比你整整多花了五百。
   问：男的是什么意思？

8. 男：我的手机刚买了两天，接电话啊，发短信啊，照相啊都挺好，就是它老是自动关机，这是怎么回事？
   问：男的手机出了什么问题？

9. 男：我喜欢安静的活动，对户外的活动都不太感兴趣。
   问：男的可能喜欢做什么？

10. 男：我一个月的电话费比吃饭的钱还多呢，真不知道这个话费是怎么算的！
    问：男的是什么意思？

答案： 1. D　2. D　3. A　4. C　5. C
　　　 6. A　7. B　8. D　9. D　10. C

二、听下列对话，选择正确答案

1. 女：我才听说你昨天过生日，现在给你补上生日的祝福，生日快乐，是不是太晚了？
   男：祝福是什么时候都不会晚的。
   问：男的是什么意思？

2. 女：今天下午花了我两个多小时的时间做了顿饭。
   男：辛苦了，明天周末我休息，让我来露一手。
   问：他俩可能是什么关系？

3. 女：昨天凌晨两点半你看世界杯足球赛的决赛了吗？
   男：你看看我的眼睛，里面都是血丝，红红的。
   问：男的是什么意思？

4. 女：你看到我发给你的邮件了吗？
   男：真抱歉，我应该及时给你回信的，当时一忙就忘了。
   问：根据对话，我们可以知道什么？

5. 女：你确定张局长今天不来开会吗？
   男：我问过他的秘书王小姐了，但我觉得你最好还是自己打电话再问问张局长。
   问：根据对话，我们可以知道什么？

6. 女：你这儿有没有关于汉语语法的书卖？
   男：有汉语语法的书，但是只借不卖。
   问：对话可能发生在什么地方？

7. 女：现在买车那么便宜，你怎么还不买车呢？
   男：汽车是不贵，可养车的费用太贵了，买得起养不起。
   问：男的是什么意思？

8. 女：即使是不想吃东西也得吃一点儿，这样才好得快。
   男：可是头晕晕的，只想睡觉。
   问：关于男的，我们知道什么？

9. 女：你用的是什么牌子的手机？
   男：用哪一款手机都行，就是别用我的这款。
   问：男的是什么意思？

10. 女：有时间我们一起出去旅游吧？
    男：我也想啊，都不记得约过多少次了，可我们的时间总是凑不到一起。
    问：根据对话，我们可以知道什么？

答案：1. A 2. D 3. B 4. A 5. B
6. C 7. C 8. A 9. C 10. A

第六课　我的生活离不开网络

课　文

一、我的生活离不开网络

女：我说小张，又在上网啊？怪不得人家都叫你网虫呢。

男：嘘～我在指挥我的士兵打仗呢。糟糕，有人进攻我的基地了，看我的，让你们吃不了兜着走……砰～砰～砰～

女：哎，真拿你没办法，玩儿起游戏来就什么都不顾了，饭可以不吃，脸可以不洗，连朋友来了也不理了。哼～……再不理我，我可生气了！
（一分钟后，游戏结束，正在等待下一局开始）

男：哎呀，说生气就生气啊？快坐下，我来教你玩儿游戏吧，这个游戏很过瘾的，保证你一玩儿就喜欢。看，这是我的基地，士兵就是从这里训练出来的……

女：算了，算了，我可不想玩儿这个，都是些打打杀杀的，也就是你们男孩子才喜欢玩这种游戏。说正事儿吧，你这儿有旅游方面的书吗？下星期学院组织我们去西安旅行，听说西安的兵马俑非常有名，我想先找些资料来看看。

男：你看你，老土了吧？都什么年代了？想找兵马俑的资料还用得着借书吗？上网查查不就行了。来，我们到中国旅游网看一看。这不，找到兵马俑了。这里不光有文字介绍，还有这么多图片，甚至旅游景点附近的路线图都有，多方便啊！

女：还真是，没想到网络里有这么多信息。一会儿我回去好好查一查。原来我上网就是发发邮件什么的，你上网都做什么呢？网络到底有多少功能呢？

男：网络的功能太多了，你可以在网上和朋友聊天、下载文件、音乐或者电影，建立自己的个人空间，还可以网上学习、网上购物、网上看病……对了，你不是喜欢看书吗？网上有很多电子图书、期刊、报纸等等。几乎是想看什么就有什么，还省了买书、买报的钱，多划算啊。

女：不过说实话，我还是不习惯网上看书，一是网络不能像传统的书一样可以带着到处走，比如我最喜欢抱一本杂志躺在床上看，电脑可不能这样。二是看电脑时间一长就会特别累。

男：习惯了就好了，现在我每天差不多有四五个小时的时间都在上网。一点儿也不觉得累。

女：我可比不了你，看一个小时眼睛就受不了了。

男：呵呵，游戏又开始了，你还不快回去查你的资料啊？

一、请仔细听课文录音，然后判断下列句子是否正确

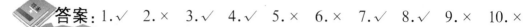
答案：1.√ 2.× 3.√ 4.√ 5.× 6.× 7.√ 8.√ 9.× 10.×

二、请再仔细听一遍课文录音，然后根据课文内容选择正确答案
   1.小张玩儿起游戏来可以做到的事，对话中没有提到的是哪一项？
   2.下星期女的要去哪儿旅行？
   3.关于兵马俑的资料，下面哪一项中国旅游网上没有？
   4.女的原来上网经常做什么？
   5.关于网络的功能，小张没有提到下面哪一项？
   6.下面哪项不是女的不喜欢在网上看书的原因？
   7.从对话中我们可以知道女的爱好什么？
   8.从对话中我们可以知道女的和小张是什么关系？

答案：1.C 2.C 3.C 4.D 5.A 6.A 7.A 8.C

三、听完录音以后，请同学们自由讨论下面的两个问题
答案：略

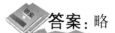

二、网上购物

   网上购物，顾名思义，就是上网来买东西。它的好处是非常明显的。
   首先，对于消费者来说，第一，可以在家逛商店，不受时间的限制；第二，可以很方便地买到当地没有的商品；第三，网上支付比传统拿现金支付更加安全；第四，由于网上商品省去租店面、招雇员及储存保管等一系列费用，总的

来说，其价格比一般商场的同类商品更便宜。

其次，对于商家来说，由于网上销售经营成本低、经营规模不受场地限制，从而大大地降低了成本。

可是，随着网上购物的增多，对网络购物的投诉也越来越多。有的人付了款却没有按时收到商品，等了很长时间订购的东西才姗姗来迟；有的人在网上购买的商品出现了质量问题，却得不到很好的售后服务。因此，很多人对它的安全性产生了怀疑，网上购物到底安不安全？这成了大家非常关心的一个问题，网上购物真的那么可怕吗？

事实上，网上购物并不像大家所想象的那么可怕。但是要注意，不要被网上各种广告信息所迷惑，尤其不要轻信听起来很诱人的热销商品、打折商品的信息，因为没有天上掉馅饼的事。要选择有正规经营权的网站，如卓越、易趣和淘宝什么的，都不错。另外，选择最适合自己的付款方式，用银行卡是大家推荐得较多的方式，它使用起来不但方便，而且安全，因为通过它们进行的交易都受有关法律的保护。最后，消费者在购买前应该确认好产品是否有完善的售后服务。

一、请仔细听课文录音，然后判断下列句子是否正确

答案：1.× 2.√ 3.× 4.√ 5.× 6.√ 7.√ 8.×

二、请再仔细听一遍课文录音，然后根据课文内容选择正确答案

1. 下面哪一项不是网上购物的好处？
2. 对网络购物的投诉不包括下面哪一项？
3. 网上购物应该注意什么？
4. 银行卡付款是一种很好的付款方式，原因不包括下面哪一项？
5. 作者对网络购物的态度是什么？
6. 下面哪种说法是错误的？

答案：1.D 2.C 3.D 4.C 5.B 6.A

三、听完录音以后，请同学们自由讨论下面的两个问题

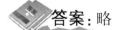

答案：略

三、HSK模拟练习题

一、听下列句子，选择正确答案

1. 网络是一把双刃剑，有利有弊。
   问：说话人是什么意思？

2. 怎么回事呀？这几天我的电脑不知道怎么搞的，老是死机。
   问：说话人是什么意思？

3. 五花八门的网络游戏吸引着充满好奇心的中学生，他们甚至旷课去网吧上网。
   问：从这句话我们可以知道什么？

4. 网络是一个虚拟空间，毫无疑问，它的出现改变了我们传统的生活方式和思维方法，拓展了我们的知识面，给予了我们遨游的空间。
   问：说话人是什么意思？

5. 网上购物的时候，心里要有个谱，不能被各种诱人的广告信息所迷惑。
   问：说话人是什么意思？

6. 我先去网上查查，回头再告诉你这到底是怎么回事。
   问：说话人是什么意思？

7. 你也不看看都什么时候了，还有心思上网玩儿游戏。
   问：说话人是什么态度？

8. 花了一个钟头的工夫，我好容易在这个网站上注册成功。
   问：说话人是什么意思？

9. 网上购物越来越受到人们的青睐了。
   问：这句话的意思是什么？

10. 很多家庭妇女和学生在网上购物都抱有在网上淘宝的心理。
    问：从这句话中我们可以知道什么？

答案：1.C 2.A 3.C 4.A 5.D
      6.C 7.C 8.C 9.A 10.D

二、听下列对话，选择正确答案

1. 女：网上购物有什么好的？
   男：这你就有所不知了，网上购物可以在家里"逛商店"，不仅节省时间还能买到本地买不到的商品。
   问：从这段对话中，我们可以知道什么？

2. 男：我跑了好几个书店没买到的书，在网上一下子就找到了。太好了！
   女：怎么样？我告诉你的方法不错吧？
   问：从这段对话中，我们可以知道什么？

3. 男：不是我给你泼冷水，对于网恋，不是谁都能成功的。
   女：我明天就要和他见面了，你就不能说点儿好听的？
   问：从对话中可以知道什么？

4. 男：真对不起，我的电脑出了点儿问题，今天不能交稿了。
   女：说好是今天交稿的，我们杂志社还等着用呢。
   问：男的和女的可能是什么关系？

5. 男：我昨天上网又上了一个通宵。
   女：你看你的眼睛，这样下去还了得？
   问：女的是什么意思？

6. 女：不是说好今天给我下载完这部电影的吗？
   男：我倒是想给你下载来着，可你看看这网速，什么时候能下完啊？
   问：从对话中可以知道什么？

7. 女：这个网站你听说过吗？
   男：这么有名的网站恐怕没几个人不知道吧？
   问：男的是什么意思？

8. 女：糟了，我又忘了密码了。
   男：说过你多少次了，邮箱又打不开了吧？
   问：从对话中可以知道什么？

9. 女：老李都这把年纪了，还总爱上网玩儿游戏。
   男：哎，人老心不老，才能越活越年轻嘛。
   问：从对话中可以知道什么？

10.男：小王最近怎么无精打采的？
女：别提了，他跟网友见完面回来就这样了，人家嫌他太矮。
问：从对话中可以知道什么？

答案： 1.C 2.D 3.C 4.D 5.D
　　　　6.C 7.A 8.D 9.C 10.C

第七课　谈论饮食

课　文

一、采访佟大为

（记者采访演员佟大为）

记　　者：你是不是一个特别注重饮食健康的人？

佟大为：以前不太注意，但现在随着工作量的加大，还有年龄的增长，我已经非常注意饮食健康了。因为演员这一行生活大多不规律，更要注意合理地安排饮食。我现在拍戏，公司一般都会帮我谈好工作时间和休息时间，这样我就能保证休息时间，否则，在我们连续工作十个甚至十几个小时的时候，整个人的状态都是疲劳的，怎么能演好戏呢？

记　　者：你认为什么样的饮食算健康的饮食？

佟大为：这个我说不好，多参考别人的建议，或者可以去咨询饮食方面的专家，现在好多杂志都在讨论这个问题，建议大家多看一些有关健康方面的书籍，肯定会有所启示的。

记　　者：为了保持健康，您平时是否经常运动？

佟大为：是的，如果在剧组拍戏，我会每天到外面跑步。如果不拍戏，我会每天去游泳，我认为游泳是一种比较好的锻炼方式。

记　　者：到目前为止遇到最难以承受的压力是在什么情况下？你是如何克服它的？

佟大为：最难以承受的压力就是拍戏的时候超时、没有计划。就拿去年拍《和青春有关的日子》这个电视剧来说吧，本来说好两个月的时间，后来差不多拍了快四个月，导致我后面的戏无法按时拍，而且每天超时拍摄，睡觉的时间太短，又是冬天，是天气最冷的时候。为了能够拍好戏，保存体力，我每天都在附近吃拉面，一个月把我这辈子的面条都吃完了，人一下子胖了好多。

记　　者：你生活中有哪些兴趣爱好？

佟大为：和朋友们一起聊天，偶尔和朋友泡泡酒吧，平常不拍戏就在家里看看书、听听音乐、发发呆。

记　　者：这些爱好对你生活和性格有哪些影响？

佟大为：	不是这些爱好对我有影响，而是我的性格决定了我的爱好。我是一个比较内向的人，所以就不喜欢到太嘈杂的地方，我的朋友群比较固定，因为这样我不会很拘束，即使不说话，大家也不会觉得有问题。
记　者：	你认为对健康最不利的习惯是什么？
佟大为：	抽烟、熬夜和不吃早饭。
记　者：	你身边这样的人多吗？
佟大为：	挺多的，因为现在的社会就是这样的，大家平常很忙，只有晚上有时间，如果是演员的话，大部分时间都在拍戏，只有那么短短的几天休息时间，所以如果休息下来肯定都是在晚上出来跟朋友聚聚，聊聊天什么的。
记　者：	请向大家推荐几个你自己生活中有益健康的好习惯。
佟大为：	早上一定吃早点，晚上要少吃，不管是否减肥，这样的饮食习惯一定对身体有好处。还有就是一定要锻炼，现在的人大多数都处于亚健康状态，就是因为工作压力太大，还有就是缺乏锻炼。

(据减肥喽瘦身网小朱文改写)

练习

一、请仔细听课文录音，然后判断下列句子是否正确

答案：1.×　2.√　3.×　4.√　5.√　6.×　7.√　8.×　9.×　10.√

二、请再仔细听一遍课文录音，然后根据课文内容选择正确答案

1.演员连续工作十几个小时会怎么样？
2.关于健康饮食，佟大为的建议中没有提到的是哪一项？
3.如果不拍戏的话，佟大为认为什么是自己比较好的锻炼方式？
4.佟大为在拍《和青春有关的日子》这个电视剧时怎么了？
5.下列哪个选项是佟大为的兴趣爱好？
6.不符合佟大为性格特点的是哪个选项？
7.佟大为认为最不利于健康的习惯是什么？
8.符合本文原意的选项是哪一项？

答案：1.C　2.B　3.D　4.B　5.B　6.D　7.C　8.A

三、听完录音以后，请同学们自由讨论下面的两个问题

答案：略

二、分手餐厅

第一次约会，固然会对选择哪一家餐厅而费脑筋。而分手时最后的晚餐在哪儿吃，更是让人大为头疼。

有个女孩儿说，如果是被人下最后通牒，最好是在火锅店，而且最好是重庆火锅店。大家都在吃得热火朝天，没人会注意自己的失态。就算是流泪也有借口，吃重庆火锅辣出眼泪来，太正常了。

分手不宜去吃西餐。西餐店里环境太幽雅，说话稍大声便会引来众人注意。如果是起了争执，西餐的刀叉之类，也容易被当成凶器使用。还是小心为上。

分手宜在冷饮店。喝下几口冷饮，有利于保持头脑清醒，可以专心谈判分手事宜。最多被人迎面泼来一杯冰水，镇静地拿纸巾擦去，不会有致残致死的危险。

同样道理，分手也可选在咖啡厅，只需要等到咖啡稍冷，低于摄氏50度时再摊牌为上。

据说日本近几年流行离婚典礼，离婚者公开发请帖、办宴席，地点一般是好友们常常聚餐的餐厅等，也有人回到大学的餐厅。宴席后，大家会合唱《分手后依然喜爱的人》等表现离婚后心情的歌曲。最后一幕是退还结婚戒指。在离婚典礼上，双方不能互相攻击，不能提起不愉快的经历等。爱情不在，还可以做朋友，日本式的最后晚餐，值得国人借鉴。

离婚典礼风行，还催生了一种专门的分手餐厅。王文华的小说《61×57》里，男主人公就在分手餐厅里被人甩过好几次。被甩已经够惨，更惨的是，被甩后还要付账。不过如果你是被甩掉的，老板会给你打八折。多少还有一点儿人情味。如果我是男主角，如果餐厅老板是位适龄女子，估计我会爱上她。

（据《青年文摘》胖子李文改写）

练习

一、请仔细听课文录音，然后判断下列句子是否正确

答案：1.√ 2.√ 3.× 4.× 5.× 6.√ 7.√ 8.×

二、请再仔细听一遍课文录音，然后根据课文内容选择正确答案

1. 分手时的最后晚餐选择在重庆火锅店的理由是什么？
2. 分手不宜去吃西餐的原因包括以下哪一项？
3. 分手地点选择在咖啡厅，等到咖啡稍冷再摊牌的原因是什么？
4. 在日本的离婚典礼上，最后一幕是什么？
5. 日本式的最后晚餐，值得国人借鉴的原因是什么？
6. 男人被甩已经够惨，更惨的是什么？

答案：1.D 2.C 3.C 4.A 5.D 6.B

三、听完录音以后，请同学们自由讨论下面的两个问题

答案：略

三、HSK模拟练习题

一、听下列句子，选择正确答案

1. 我最不喜欢热闹的场合，能不去就不去，一个人静静的多好。
   问：说话人是什么意思？

2. 没有什么比打篮球更让我着迷的事了。
   问：说话人是什么意思？

3. 他这个人啊，一说电影就来劲儿。
   问：说话人是什么意思？

4. 人是铁饭是钢，怎么能不吃饭呢？
   问：说话人是什么意思？

5. 为了工作整天饥一顿饱一顿的，早晚得胃病。
   问：说话人是什么意思？

6. 我来做饭吧，我给你好好儿露一手儿。
   问：说话人是什么意思？

7. 我觉得他减肥不是为了身体健康，而是怕他女朋友嫌弃他。
   问：说话人觉得他减肥的真正目的是什么？

8.小高就是脾气怪了点儿,人其实特别善良。
   问:说话人是什么意思?

9.曾经有一份真诚的爱情摆在我的面前,我没有好好珍惜,等到失去以后才知道后悔。
   问:这句话的意思是什么?

10.从超市出来以后,我和她一起吃完午饭就分手了。
   问:说话人是什么意思?

答案:1.B 2.A 3.B 4.C 5.D
      6.C 7.D 8.A 9.B 10.C

二、听下列对话,选择正确答案

1.女:小王,你又熬夜了?
  男:可不是?昨晚我的几个哥们儿来找我喝酒、聊天,我哪儿好意思赶他们走啊?
  问:从这段对话我们可以知道什么?

2.女:老王都是年过半百的人了,还总爱和那帮年轻人一起疯。
  男:越活越年轻嘛。
  问:从对话中可以知道什么?

3.男:最不喜欢和这种人打交道了,我不去。
  女:这由不得你,喜欢去也得去,不喜欢去也得去。
  问:从对话中可以知道什么?

4.女:成天上班,又枯燥又辛苦,还不自由,没想过换个工作吗?
  男:我都这么大岁数了,还换什么呀?
  问:男的是什么意思?

5.男:服务员,再来两瓶啤酒!
  女:别再喝了,再喝就喝高了。
  问:女的是什么意思?

6.女:你和你的妻子从来都没有不同的意见吗?
  男:那怎么可能呢?我不告诉她就是了。
  问:男的是什么意思?

7.女：最近怎么没见着小李啊？
　男：别提了，他妻子刚出院，父亲又一病不起了，雪上加霜啊。
　问：从对话中可以知道什么？

8.女：前几天小孙和他女朋友吹了。
　男：什么？不是刚谈的吗？
　问：男的是什么态度？

9.女：亲爱的，你会忘了我吗？
　男：怎么会呢？除非你给我一个忘了你的理由。
　问：从对话中可以知道什么？

10.男：你知道吗？小李最近和她丈夫离婚了。
　女：好好儿的，离什么婚呀？
　问：从对话中可以知道什么？

答案： 1.A　2.B　3.C　4.B　5.A
　　　　6.D　7.C　8.C　9.A　10.B

第八课　关于身心健康

课　文

一、关于身心健康

男：看你脸色不好，是不是遇到什么不开心的事儿了？
女：主要是工作上压力很大，手头上的一个项目快到时间了，可还是毫无进展；另外孩子学习也不努力，老想着上网玩儿游戏。
男：谁都有不顺心的时候，注意合理的饮食，适当地运动运动，就可以缓解一下压力了。
女：情绪不好吃东西都没有胃口，更别提什么运动了。
男：有的心理学家说如果你现在感到很痛苦，那么一定是有需要放弃的东西。我们来分析一下让你痛苦的真正原因有哪些？
女：工作上希望做得十全十美，稍微不完美就觉得受不了。
男：如果凡事都要做到完美是不可能的，所以即使有的事做得不够好，也不要对自己太失望。
女：我也知道这个道理，可就是改变不了自己的想法。就拿上周发生的事来说吧，我上周不小心丢了一个客户，虽然不是我的原因，是两家公司不想合作了，可还是让我很烦。
男：我们时常对过去的事情感到后悔，或者陷入深深的自责中，要知道对过去的事情任何人都是无能为力的。所以让我们原谅自己，过去的就让它过去吧。
女：我的目标是希望事业上获得成功，这没什么问题吧？
男：没问题是没问题，可是不要一心只想成功，这样我们才是最幸福的。心情不好的时候，试试忘掉以前的烦恼、不要老担心未来，只有真正地集中于眼前，心情才会变得平静，感觉才会幸福。另外还有最重要的一条是学会休息。
女：我试过，可是越休息心情越不好。
男：我的意思是抽出时间，多到户外走走，看看大自然，全身心放松，你会觉得呼吸很顺畅，头脑也特别清醒。另外，找朋友谈谈心也是解除心理压力的好方法。

一、请仔细听课文录音,然后判断下列句子是否正确

答案:1.× 2.√ 3.× 4.× 5.√ 6.× 7.√ 8.√ 9.× 10.√

二、请再仔细听一遍课文录音,然后根据课文内容选择正确答案

1.以下哪项不是女的心情不好的原因?
2.缓解压力的好方法是什么?
3.心理学家认为人感到痛苦需要怎么样?
4.女的感到痛苦的真正原因不是以下哪项?
5.对待已经过去的事情应有什么态度?
6.造成女的不幸福的原因可能是以下哪项?
7.休息的好方法是什么?
8.以下选项中,哪项不利于身心健康?

答案:1.B 2.D 3.C 4.B 5.C 6.B 7.D 8.A

三、听完录音以后,请同学们自由讨论下面的两个问题

答案:略

二、丢掉一个黑夜

从巴黎飞上海,行程9500公里,得在空中飞行10小时30分。一个不短的行程。坐的是经济舱,飞机上又是满员。东方航空的国际豪华航班其实不豪华,尤其是经济舱,座位与座位之间那个窄,我这个身高一米七八的人,坐着两条腿有点儿伸不开,更甭说半躺下来了。

飞机一路往东飞,太阳走得飞快,巴黎时间已经是晚上10点多了,窗外的天空依旧很亮。空姐们来关一个个舷窗,打开夜灯,说要模拟夜晚的氛围,以利于机内乘客倒时差。从巴黎到上海,时差7小时。这时差将在长途飞行中倒回来。

飞机上,有人用比较委屈的姿势开始打盹儿,还有人轻轻地打鼾,毕竟,能用这种姿势打出如雷鼾声的人不多。我没有睡意。靠在舷窗,不时撩一撩窗罩,窗外天空就是不肯黑下来。巴黎时间已经快凌晨一点了,在过道中散步的一个无眠同伴问我:天黑了没有?我又撩了一下窗罩,窗外依旧没有一点儿夜

的样子。那同伴脱口说出一句睿智的话："哈，我们丢掉了一个黑夜！"

这句话让我再也没有了睡意。黑夜与白天轮值，是自然现象，时差也是自然现象。换一个方向，从上海飞巴黎，黑夜则变得特别长。自然现象是规律，无法改变。它只是让我想起另外一些内容。比如生活中的快乐与烦恼，它们是不是也有白天与黑夜之分？如果白天意味着快乐，而黑夜意味着烦恼，我们是不是也可以通过选择方向，来延长白天缩短黑夜？生命长度是一定的，让快乐多一点儿，烦恼少一点儿，生命的质量是不是会提高？

丢掉一个黑夜，意味着可以丢掉许多个黑夜，这里说的显然不是单纯的自然现象。飞行在一万米高空，我忽然有点儿兴奋，有一种全新的感觉。在一个本该是夜的时间，我的心情忽然像窗外的天空一样充满阳光！

（据《齐鲁晚报》子川文改写）

一、请仔细听课文录音，然后判断下列句子是否正确

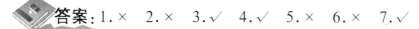答案：1.×　2.×　3.√　4.√　5.×　6.×　7.√

二、请再仔细听一遍课文录音，然后根据课文内容选择正确答案

1. 在飞机上我不能半躺下来不是以下哪个原因？
2. 空姐打开舷窗是因为什么？
3. "我们丢掉了一个黑夜"指的是什么？
4. 下列不属于自然现象的选项的是哪一个？
5. "丢掉一个黑夜，意味着可以丢掉许多个黑夜"在文中是什么意思？
6. 这次飞行让我得到什么启示？

答案：1.D　2.C　3.B　4.D　5.D　6.D

三、听完录音以后，请同学们自由讨论下面的两个问题

答案：略

三、HSK模拟练习题

一、听下列句子，选择正确答案

1. 最近他脸色不对劲儿，不会是遇到什么烦心事了吧？
   问：从这句话中我们可以知道什么？

2. 谁能凡事都做得十全十美？就这么一次没做好，别放在心上了。
   问：说话人是什么态度？

3. 最近特别不顺，先是和老公吵了一架，后来又被儿子的老师叫去训了一顿，前两天还丢了一个客户。
   问：说话人碰到的第二件不顺心的事是什么？

4. 你呀，要学会休息，没有比多去户外走走更有利于身心健康的了。
   问：下列选项中，错误的是哪一项？

5. 天天早上6点起床去健身房，真是伤脑筋！
   问：这句话是什么意思？

6. 苗苗说话总忘不了瑜伽、健身房什么的，真是"三句话不离本行"。
   问：苗苗是什么职业？

7. 小王这个人非常厉害，才20出头就当老板了。
   问：这句话是什么意思？

8. 眼看就凌晨1点了，怎么天还没黑？
   问：现在是几点？

9. 不是早上7:35的飞机吗？有什么好急的，还有15分钟呢。
   问：现在是几点？

10. 坐飞机旅行好是好，可是光倒时差也够让人头疼的。
    问：这句话是什么意思？

答案：1.C 2.B 3.D 4.A 5.D
      6.D 7.C 8.B 9.A 10.B

二、听下列对话，选择正确答案

1. 男：你昨天又开夜车了吧？这对身体可不好。
   女：可不嘛！这道理我也知道，可是没办法。
   问：女的是什么意思？

2. 男：怎么，你减肥了？一年不见变这么漂亮了？
   女：别提了，最近心情不好，吃不下睡不着，就瘦了。
   问：下面哪一项不是女的变瘦的原因？

3. 女：老板是说我最近工作不努力吗？
   男：你别多心，他不是这个意思。
   问：男的是什么意思？

4. 男：这次发奖金，我一定是咱们公司拿得最多的。
   女：就你？你别做梦了！
   问：女的是什么意思？

5. 女：我什么事都希望做得十全十美，稍微不完美就觉得受不了。
   男：你对自己的要求高得可不是一点儿半点儿。
   问：男的是什么意思？

6. 男：我们公司新来了一位部门经理特别能干。
   女：我们公司有个部门经理那才叫厉害呢，干什么都是我们这里数一数二的。
   问：女的是什么意思？

7. 女：你看你多好啊！从来没什么烦心事，我就不行了。
   男：看你说的，谁能没点儿烦心事，心里烦不一定能从脸上看出来啊。
   问：从对话中，我们不能知道什么？

8. 男：我只要一有点儿亮光就睡不着，非拿东西遮住眼睛不行。
   女：你事儿还真不少，怎么睡不是睡啊？
   问：从对话中，我们可以知道什么？

9. 女：我一坐汽车就睡觉，这样挺危险的，我真羡慕你从来不困。
   男：我倒是想睡，我也得睡得着啊。
   问：从对话中，我们可以知道什么？

10. 男：晚上我喜欢一个人静静地站在阳台上看星星，那时的星空真美啊！
    女：没想到你还挺文艺，晚上不睡觉看什么星星啊！
    问：女的是什么态度？

答案： 1.B   2.A   3.D   4.B   5.C
        6.A   7.B   8.C   9.A   10.D

第九课 婚恋家庭

课 文

一、你喜欢什么样的女朋友？

女：你别怪我这个做姨妈的唠叨，老大不小的了，连个女朋友的影子都没有。难道你打算就这样一个人过下去吗？

男：我的要求也不高，首先外貌要好看，身材苗条。其次性格要好，要善良、温柔。第三，要有一定的经济条件，这样将来的生活才会幸福。

女：以前给你介绍的那几个都不错，你一个也没看上？

男：您知道现在的女孩子最看重男方的物质条件，要有房有车。像我这种既没房子又没车的人，有几个女孩子会看得上？

女：你也别太悲观了，还是有很多女孩子非常重感情的。再说，你的条件也不差嘛，工作稳定，有责任心，长得也不差，还有幽默感，这都是非常受女孩子欢迎的。

男：您说得对，也有的情况是人家倒是看上我了，可是我对人家没感觉。

女：感情可以慢慢培养嘛，哪能一开始就有感觉？

男：结婚是一辈子的事情，如果找不到合适的女孩，我绝不会凑合。

女：你希望女孩子做什么工作？

男：最好是当老师的，医生和公务员也可以。

女：那公司职员和其他职业的就不考虑了？

男：那倒不是，只要人品好，两个人性格合适，职业、身高等外在的条件也不是最重要的。

女：那学历呢？

男：我不是特别看重对方的学历，不过考虑到以后孩子的教育，至少应该是大学毕业吧，何况现在也是个重学历的时代，学历越高越容易找到好工作。

女：我觉得女孩子会做家务也很重要，特别是做饭，总不能整天去饭店吃饭吧？

男：女孩子会不会做饭我并不介意，因为我自己就喜欢做饭，下班回家做上几道菜也是一种乐趣。

女：终身大事光靠我和你妈妈着急也不行，你自己也得上上心。对了，今天报纸上正好有个广告，说这个周六公园有一个大型的相亲活动，到时候我陪你去看看有没有合适的。

男：姨妈，求求您就别操这份心了，您知道我最不喜欢这种方式，要去您自己去。

女：又不是我去相亲，我自己去算怎么回事？唉，也没法子，谁让我是你姨妈呢，要不这样吧，我跟隔壁的王阿姨一起去，她也正为自己的老闺女还没嫁出去发愁呢。

一、请仔细听课文录音，然后判断下列句子是否正确

　　答案：1.×　2.√　3.√　4.×　5.√　6.√　7.×　8.√　9.×　10.×

二、请再仔细听一遍课文录音，然后根据课文内容选择正确答案

　　1.男的的择偶条件不包括以下哪项？
　　2.男的受女孩子欢迎的原因不包括以下哪项？
　　3.男的最希望女朋友做的工作不包括以下哪项？
　　4.男的看重对方学历的原因不包括以下哪项？
　　5.男的不介意女孩子会不会做饭的原因是什么？
　　6.星期六姨妈想陪着男孩去哪儿相亲？
　　7.这个星期六谁会去相亲？
　　8.隔壁王阿姨家的女儿怎么了？

　　答案：1.B　2.D　3.D　4.B　5.C　6.A　7.C　8.C

三、听完录音以后，请同学们自由讨论下面的两个问题

　　答案：略

二　女性择偶调查

　　不久前天津社科院郝麦收和汪洁两位学者联手《每日新报》，在全市范围内开展了一次"女性生活状况"随机问卷调查。被调查者年龄从18岁至80岁，其中，年龄在25至45岁的女性比例最高，占47%。调查涉及女性恋爱生活、夫妻生活、感情生活及休闲生活等。

调查结果显示,天津女性在选择配偶时,并没有把"嫁个有钱人"当做自己的理想,而是把对方的人品放在首位。在调查收回的852份有效问卷统计结果中,有99.76%的女性在选择配偶时,首选对方人品好。排在第二位的是对方的生活能力,有79.81%的女性希望对方生活能力强。有54%的女性首先考虑对方的经济情况,不过这个比例远远低于前两项。

多数女性在择偶时看重对方的人品,她们认为,人品好是夫妻共同生活的基础,只要丈夫人品好,将来家庭无论顺境还是逆境,都能对妻子和孩子负责。另外,人品好的男性,自律性强,能自觉抵御诱惑。

"有99.76%的女性把对方人品好作为选择配偶的首选条件,这是我们没想到的。这说明天津女性在择偶时,既看重'物',更看重'人'。"学者认为,现代女性对男士的要求普遍是"上得厅堂,下得厨房",她们对丈夫的要求是不仅要有工作能力,还要善于处理家务事。在人品与生活能力之外,女性还要考虑收入、学历、家境、职业等问题。

据调查数据显示,有46.58%的女性把成功的人生定义为"嫁得好",而这个"嫁得好"的概念不是指嫁一个有钱人,过奢侈的生活,而是嫁一个好人,过幸福的生活。因为人品好是保证未来生活质量的基础,嫁一个人品好的男人,也是自己人生成功的体现。

(据中国网"每日新报"改写)

练习

一、请仔细听课文录音,然后判断下列句子是否正确

答案:1.× 2.√ 3.√ 4.× 5.× 6.√ 7.× 8.√

二、请再仔细听一遍课文录音,然后根据课文内容选择正确答案

1.调查没有涉及到以下哪个选项?

2.在调查收回的852份有效问卷统计结果中,排在第三位的是以下哪个选项?

3.人品好的男人不会怎么样?

4.在人品与生活能力之外,女性一般不考虑什么?

5.据调查数据显示,有46.58%的女性把成功的人生定义为什么?

6.对于"嫁得好"这一概念,理解有误的是以下哪个选项?

答案:1.B 2.D 3.A 4.B 5.C 6.C

三、听完录音以后，请同学们自由讨论下面的两个问题

：略

三、HSK模拟练习题

一、听下列句子，选择正确答案

1. 他们俩真是郎才女貌郎，天生的一对儿！
   问：从对话中可以知道什么？

2. 你这叫"吃不到葡萄说葡萄酸！"
   问："吃不到葡萄说葡萄酸"的意思是什么？

3. 老李今天怎么了？好像说话不大对劲儿啊。
   问：老李今天怎么回事？

4. 我问小王和小丽谈得怎么样了，他冲我伸了伸舌头。
   问：从这句话中我们可以知道什么？

5. 今天终于见着小金的女朋友小马了，可能是情人眼里出西施吧，小马哪有小金说的那么漂亮啊？
   问：从这句话中我们可以知道什么？

6. 分手的时候女孩对我说："你知道吗？有了钱并不等于就有了一切。"
   问：从这句话中我们可以知道什么？

7. 提起她来呀，谁都知道她对男朋友没说的。
   问：从这句话中我们可以知道什么？

8. 他呀，一个人吃饱了全家不饿。
   问：说话人的意思是什么？

9. 谁说我不想结婚？这不是一直没找到合适的嘛。
   问：说话人的意思是什么？

10. 我嘛，不怎么喜欢帅哥，帅不帅的无所谓，看着顺眼就行。
    问：说话人是什么意思？

答案：1.A 2.C 3.D 4.B 5.D
      6.D 7.C 8.A 9.B 10.D

二、听下列对话，选择正确答案

1. 女：我男朋友希望我再瘦一点，所以我不能吃甜的东西。
   男：他说什么你就做什么，一点儿自己的主见也没有，这怎么行呢？不要一味地迁就他。
   问：从对话中可以知道什么？

2. 女：你是怎么跟你现在的女朋友认识的？
   男：说来话长啊。
   问：男的是什么意思？

3. 女：老王今天怎么没来？
   男：他呀，整个儿一"妻管严"！
   问：从对话中我们可以知道什么？

4. 女：小张，女朋友的事儿有眉目了吗？
   男：嗨，别提了，要钱没钱，要房没房，谁看得上呀！
   问：从对话中我们可以知道什么？

5. 女：你看人家小李，买了那么大一套房子！
   男：谁叫咱没个有钱的姑姑呢？
   问：从对话中我们可以知道什么？

6. 女：李明向我求婚了，他说他会爱我一辈子的。
   男：这种话，鬼才信呢。
   问：从对话中可以知道什么？

7. 男：你们家谁掌勺？你丈夫吗？
   女：哼，别指望他能做点儿家务。
   问：从对话中可以知道什么？

8. 男：天天不是面条就是米饭，就不能换点儿别的？
   女：不是还有馒头吗？想吃别的不会自己做？
   问：从对话中可以知道什么？

9. 男：我以为王老师还没结婚呢。
   女：谁说的？人家孩子都六岁了。
   问：从对话中我们可以知道什么？

10. 女：听说你快要结婚了。
    男：别逗了，连个女朋友的影子还没有呢。
    问：从对话中我们可以知道什么？

答案：1.A 2.B 3.B 4.D 5.C
      6.D 7.B 8.B 9.C 10.C

第十课　今天来了一位漂亮的新老师

课　文

一、今天来了一位漂亮的新老师

高　　飞：你的身体好些了吗？听说你生病了，今天没去上课。

山田惠子：谢谢你的关心。我休息了一整天，现在好多了。今天学校有什么新鲜事儿吗？

高　　飞：你还真说对了。今天我们班来了一位新老师。

山田惠子：那张老师去哪儿了呢？

高　　飞：张老师要去北京开一周会，他的课暂时由新来的王老师来上。

山田惠子：这位王老师多大年纪，长得什么样呢？

高　　飞：她是一位年轻的女老师，看上去最多不过二十六七岁，很漂亮。高挑的身材，长长的大波浪卷发，尖尖的瓜子脸上长着一双又大又亮的眼睛。她很喜欢笑，一笑起来，眼睛就好像成了弯弯的月亮。

山田惠子：听你这么一说，我就好像见到了真人一样，确实很漂亮。

高　　飞：不瞒你说，她一进教室的时候，我看着她一下子都呆住了。因为王老师不仅长得漂亮，今天还穿着一件大红色的绣花旗袍，显得又时尚又活泼。对这件旗袍，玫瑰也喜欢得不得了，她说这个周末就要去买一件呢。

山田惠子：王老师这么年轻，是不是刚从学校毕业的？

高　　飞：你真厉害啊，一猜就猜对了。刚刚上课的时候，新老师给我们做了一个自我介绍。她是中文专业的研究生，今年6月刚刚毕业。虽然才正式上班不久，但在读大学期间，她就已经做过一年半的兼职老师，也是教留学生学中文。所以啊，她年轻是年轻，可是已经有一些教学的经验了。

山田惠子：你习惯她上课的方式吗？

高　　飞：她上课的方式和张老师差不多，但是也有不太一样的地方。我觉得都不错。张老师习惯让我们一个接一个地轮流回答问题，王老师则喜欢小组讨论。

山田惠子：那今天上课的气氛一定很热烈了？
高　　飞：那还用说。我觉得时间过得快极了，两节课一下子就过去了。
山田惠子：我明天也一定要去上课，见见我们的新老师。

一、请仔细听课文录音，然后判断下列句子是否正确

答案：1.×　2.×　3.√　4.√　5.×　6.√　7.×　8.×　9.√　10.√

二、请再仔细听一遍课文录音，然后根据课文内容选择正确答案
1.山田惠子为什么没有去上课？
2.山田惠子向高飞打听什么事？
3.以下对新老师的描述哪项文中没有提到？
4.新老师第一天上课穿的是什么衣服？
5.新老师是什么专业毕业的？
6.新老师是什么时候毕业的？
7.在正式工作之前，新老师做过多长时间的兼职老师？
8.新老师的教学方式是什么？
9.今天新老师给高飞他们上了几节课？
10.高飞对新老师的印象怎么样？

答案：1.A　2.B　3.C　4.A　5.A
　　　6.D　7.C　8.B　9.B　10.D

三、听完录音以后，请同学们自由讨论下面的两个问题

答案：略

二　玫瑰的生日晚会

　　昨天是玫瑰的生日，在学校的小咖啡厅里，同学们为她举办了一个热闹的生日晚会。玫瑰早就准备好了一件大红的旗袍，在自己的生日晚会上终于有机会好好儿向大家展示一下了，一个金发碧眼的外国小姑娘穿上了传统的中式旗袍，你还别说，真漂亮，别有一番味道。而其他的同学呢，都穿上了带有各自国家特色的服装，昨天的晚会就像是一场精彩的时装表演。

在昨天的晚会上,我还认识了好多新朋友。小林,学经济的大二学生,性格开朗活泼,特别喜欢旅游,去过好多地方,说起中国的旅游胜地来,没有他不知道的。汤姆是一个又高又帅的英国小伙子,特别爱开玩笑,和他在一起,总是觉得特别的开心。大家看到他长得那么帅,都说他像贝克汉姆,而他却很幽默地说:"我觉得我更帅,所以应该说是贝克汉姆长得像我。"从澳大利亚来的琳达正在进行汉语培训,为一年后开始的医学专业的学习做准备。她是一个不太爱说话的小姑娘,别看她平时安安静静的,可一提起她最喜欢的摄影来,就能和你聊上半天,相册里都是她自己拍的照片,就连许多专业的摄影记者都夸她拍得不错,差不多达到了专业的水平呢!

对了,在玫瑰的生日晚会上,刚刚出差回来的张老师也来了,还特意从北京带来了生日礼物——一把小巧精致的扇子,扇子上还有张老师亲自写的一首诗。书法是张老师平时最喜欢的业余爱好,他送这个生日礼物给玫瑰真是再合适不过了,被中国的传统文化深深迷住的玫瑰也对礼物喜欢得不得了。穿着旗袍,轻轻地摇着扇子,玫瑰心里别提有多美了。

一、请仔细听课文录音,然后判断下列句子是否正确

答案:1.× 2.× 3.√ 4.× 5.× 6.√ 7.× 8.√ 9.√ 10.√

二、请再仔细听一遍课文录音,然后根据课文内容选择正确答案

1.留学生在哪儿为玫瑰举办了一个生日晚会?
2.在生日聚会上,玫瑰穿着什么衣服?
3.外国人穿上中式衣服是什么样的感觉?
4.玫瑰的生日晚会像一场什么表演?
5.对小林的描述哪一项不正确?
6.汤姆是哪国人?
7.为什么汤姆说贝克汉姆长得像他?
8.琳达的专业是什么?
9.老师送给玫瑰的生日礼物是什么?
10.张老师平时的业余爱好是什么?

答案:1.C 2.A 3.D 4.B 5.A
      6.C 7.B 8.C 9.B 10.D

三、听完录音以后，请同学们自由讨论下面的两个问题

**答案**：略

三、HSK模拟练习题

一、听下列句子，选择正确答案

1. 男：我好不容易来了，你却说包裹要明天才能到，为什么不事先打个电话给我？害得我白跑一趟。你至少得说声对不起吧？
   问：男的希望对方现在做什么？

2. 男：只要有时间我一定参加，就怕临时有任务需要加班，我就没办法了。
   问：男的是什么意思？

3. 男：这本书好是好，就是没有英文解释，用起来不太方便。我宁愿选择这本厚一点儿的，虽然拿起来不是那么方便。
   问：男的为什么要选择那本厚的？

4. 男：你要问我别人的情况吧，我还能回答你，但是你要问小李的事情，我还真说不上来，我们不在一个办公室，见面的机会很少。
   问：说话人是什么意思？

5. 男：不算前天和昨天，光今天我都打了不下10遍电话了，可就是没有人接听，不知道他们这个公司的售后服务是怎么做的？
   问：关于说话人，我们知道什么？

6. 男：小王啊，你可算是找对人了，我最大的爱好就是集邮，让我来告诉你这枚邮票背后的故事吧。
   问：关于说话人，下列哪一项是正确的？

7. 男：平时都是从早上9点到下午6点开放，中午12点休息一个小时，今天是周末，所以要提早半个小时关门。
   问：周末几点关门？

8. 男：大家一起吃了这么多次饭，可是小张连一次钱都没有付过，下次一定要让他请一次客，我们好好儿宰他一顿。
   问：关于小张，我们知道什么？

9. 男：小丁，这不正是你想找的书吗？还犹豫什么，赶快把它买下来，带回家去好好看看，时间不多，下周马上就考试了。

　　问：小丁想做什么？

10. 男：老张听到了儿子考上大学的消息后，虽然嘴上没说什么，脸上也没有笑容，但谁都知道他深藏在心底的喜悦。

　　问：老张的心情是怎样的？

答案：1. A　2. A　3. D　4. B　5. A
　　　　6. B　7. C　8. A　9. A　10. B

二、听下列对话，选择正确答案

1. 男：去张家界旅游，我觉得应该坐飞机过去。你想啊，本来假期就不长，还坐火车去，路上得浪费多少时间啊！

　　女：行啊，就是不知道飞机票难不难买，打不打折都不要紧，能买到就行。

　　问：说话人为什么决定坐飞机去旅游？

2. 男：小张年纪轻轻的，怎么现在就发福了？我看啊，他真应该减减肥了。

　　女：谁说不是啊？他自己也觉得，可就是下不了决心坚持锻炼，所以越来越胖了。

　　问：关于小张，我们知道什么？

3. 男：吃完饭你先自己回家吧，要不就去商场逛逛，或者去健身房运动一下也可以。我还要去办公室处理一些工作上的事情。

　　女：反正我跟着你，你到哪儿我到哪儿。

　　问：女的要去什么地方？

4. 男：电脑这回没问题了，以后有事尽管说，只要我能做到的，我一定尽力帮忙，咱俩谁跟谁啊！

　　女：谢谢，你说得正是时候，下星期我搬家，你再来帮帮我吧！

　　问：说话人最有可能是什么关系？

5. 男：你和了这么多面，是准备蒸馒头呢，还是擀面条呢？

　　女：你没有看到旁边我刚拌好的韭菜肉馅吗？

　　问：女的可能想做什么吃的？

6. 男：我准备了一个月，几乎每天晚上都上自习，做完了一大本练习，都没时间出去和朋友玩儿，可结果还是这样，太让我失望了。
　　女：别灰心，还有一次补考的机会，你一定没问题。
　　问：说话人在谈论什么？

7. 男：万一明天下雨，篮球比赛还能按时举行吗？我刚听天气预报说明天阴转小雨。
　　女：你不知道篮球比赛在室内举行吗？
　　问：篮球比赛明天能举行吗？

8. 男：小李啊，你们家是你做饭还是你先生做饭啊？
　　女：我们家的习惯是谁回来得早谁做饭，我上班比他近，所以我做得更多一点儿。
　　问：小李家谁做饭？

9. 男：这套两室一厅的房子对我来说不太合适，我一个人用不了那么大的房子，租给结了婚的人比较好。一室一厅更适合我。
　　女：你说得倒是有道理，不过两室一厅你也可以找个朋友和你一起合租啊！
　　问：从对话中我们可以知道什么？

10. 男：想当年这家饭店的生意多好啊，好多人专程从很远的地方跑过来，就是想尝尝这里的饺子。
　　　女：我记得那时候进去吃饭还常常要等位子呢，哪像现在啊！
　　　问：现在这家饭店怎么样？

答案：1. C　2. A　3. D　4. B　5. A
　　　　6. A　7. B　8. C　9. A　10. A

第十一课 我想订牛奶

课　文

一　我想订牛奶

促销员：您好，欢迎看一下"家宝"牛奶。我们现在正在搞活动，订一个月送五天。

玛　丽：哦，你们都有什么品种的牛奶？能给我介绍一下儿吗？

促销员：当然可以，您看，这里有纯牛奶、果味牛奶、酸奶等等，您喜欢什么口味的呢？

玛　丽：我喜欢纯牛奶，就订这个原味纯牛奶吧。咱们这牛奶一订就是一个月吗？我这个月下旬可能要出去旅行，大概一个星期左右不在宿舍，那怎么办呢？

促销员：这个没关系，您可以提前一天给我们打个电话，告诉我们从几号到几号停一下，就可以了。这几天的奶我们会给您顺延到下个月的。那您先订一个月的，是吗？

玛　丽：嗯。

促销员：好的，请您在这里写下您的姓名、电话、房间号。这个月是三十天，您订的原味纯牛奶每袋一块二，一共三十六块钱。

玛　丽：哎呀，我这里只有一百的，能找开吗？

促销员：实在对不起，零钱刚才都找完了，您稍等一下好吗？我去那边商店把钱破开。

玛　丽：好的。对了，每天都什么时候来送奶呢？

促销员：每天早上六点以前，保证让您起床以后就能喝上新鲜的牛奶。今天下午我们的师傅会上门为您安装奶箱，您在家吗？

玛　丽：大概几点呢？

促销员：这个现在我还说不准，这样吧，等中午的时候，让我们的安装师傅给您打电话约时间，可以吗？

玛　丽：好的，谢谢你了。

促销员：不客气，这是我的名片，上面有我们公司的订奶电话和服务电话。您有什么问题的话，欢迎随时打电话咨询。

（几天后，玛丽朋友的宿舍）

山　口：你早饭都吃什么啊？我一到周末就爱睡懒觉，起来的时候食堂就没有早饭了，再说也懒得去食堂。

玛　丽：哦，我订了牛奶，每天给送到宿舍门口，很方便，所以我的早饭就是一袋牛奶加一个鸡蛋，营养够了，又不会发胖。最主要的是节省时间啊，十分钟之内就能搞定。

山　口：你说得我也想订牛奶了，怎么订呢？

玛　丽：我感觉"家宝"这个牌子的奶就不错，超市里也有卖的，你哪天先买一袋尝尝，觉得好喝再订吧，我那儿有他们的订奶电话，回头我可以告诉你。

练习

一、请仔细听课文录音，然后判断下列句子是否正确

答案：1.×　2.×　3.√　4.×　5.×　6.×　7.×　8.√

二、请再仔细听一遍课文录音，然后根据课文内容选择正确答案

1. 本文中的"搞活动"是什么意思？
2. 玛丽订了什么口味的牛奶？
3. 玛丽出去旅行的时候她订的牛奶怎么办？
4. 原味纯牛奶每袋多少钱？
5. 每天什么时候送牛奶？
6. 玛丽的早饭的主要特点是什么？

答案：1.C　2.D　3.A　4.B　5.C　6.B

三、听完录音以后，请同学们自由讨论下面的两个问题

答案：略

二、外出旅行时的注意事项

同学们，大家好！今天我来讲讲旅行的注意事项，请大家听好。

首先，出门前准备好本人身份证件，比如护照、学生证等，旅行过程中注意随身携带。建议大家最好准备一个小包，装些贵重物品，如照相机、钱包什

么的。还应该带一些个人生活用品：毛巾、牙具、换洗衣物、雨伞、防晒用品等。也可带些常备药品，比如消炎药、治拉肚子的药、晕车药等。

去的时候我们是坐飞机。坐飞机时一般要提前一个小时左右到机场，请大家预留充足的时间，别误了飞机。

住宿方面我们统一安排，请大家到宾馆进了房间以后，先检查一下那里的设施是不是都好用，如果有损坏的请及时通知服务员，否则退房时可能会有麻烦；离开房间时一定要带好房卡并随手将房门锁好。在房间里淋浴时要注意安全，小心滑倒。以前我们同学发生过滑倒摔伤的事情，在这里特别提醒大家注意。晚上休息时呢，不要在床上吸烟，以免发生火灾。

饮食方面，出门在外一定要注意个人饮食卫生，饭前要洗手，如不方便可带些消毒纸巾。尽量不要吃街边小吃，吃水果要洗干净或削皮，吃海产品一定要吃新鲜的，吃些蒜和醋可起解毒作用。午餐最好别喝酒，以免影响下午的游览行程。多喝水，但别喝自来水，以防水土不服造成拉肚子什么的。

游览的时候注意安全，登山时不能只看景，要注意脚下，拍照时不要超过危险标志。要遵守时间，按规定时间集合、乘车、就餐。不要擅自离团单独行动，如有特殊情况，应说明并留下联系电话。旅途中如遇到突发性事故或者与他人发生纠纷时，应多一分理解和谦让，及时与老师商量，以便妥善解决。

好了，最后祝同学们旅途愉快！平安归来！

练习

一、请仔细听课文录音，然后判断下列句子是否正确

答案：1.√　2.×　3.√　4.×　5.×　6.×　7.√　8.√

二、请再仔细听一遍课文录音，然后根据课文内容选择正确答案

1. 文中提到的坐飞机时的注意事项是什么？
2. 入住宾馆时，如发现房间内物品有损坏应该怎么办？
3. 住宾馆离开房间时要注意的是什么？
4. 为什么尽量不要吃路边小吃？
5. 文中提到的游览安全方面的注意事项有哪些？
6. 如果旅行中因为买东西与人发生矛盾，应该怎么办？

答案：1.D　2.D　3.B　4.D　5.C　6.A

三、听完录音以后,请同学们自由讨论下面的问题

答案:略

三、HSK模拟练习题

一、听下列句子,选择正确答案

1. 今天打了订奶热线,可是电话里说我拨的是空号。
   问:从这段对话,我们可以知道什么?

2. 听说喝牛奶皮肤会变好,我喝了这么久,怎么没见什么变化?
   问:从这段对话,我们可以知道什么?

3. 现在我们公司有个优惠活动,预存200元话费,送100元超市购物券。
   问:这可能是什么地方的优惠活动?

4. 请问,我房间里的电话可以打国际长途吗?怎么收费?
   问: 这段话可能发生在什么地方?

5. 标准间原价280,现在是淡季,打八折,224一天,含自助早餐。
   问:如果有人住该标准间,他吃自助早餐会花多少钱?

6. 小姐,能不能麻烦您告诉厨房的师傅少放些盐,这儿的菜味儿都太重了。
   问:从这句话,我们可以知道什么?

7. 麻烦您帮我洗一下这两件衣服,好吗?都干洗。什么时候能取?
   问: 这段对话可能发生在什么地方?

8. 现在买便宜是便宜,可是这个季节眼看就穿不着这样的衣服了,还是算了吧。
   问:从这段话,我们可以知道什么?

9. 出门旅行,为了安全起见,最好找人比较多的饭店用餐。
   问:从这段话,我们可以知道什么?

10. 在外旅行，如果想知道当地的一些情况，比如去哪里购物比较好，怎么去一些旅游景点等等，您可以问酒店的服务员或者出租车司机，他们通常比较了解。

　　问：下面哪些是文中提到的理想的咨询对象？

答案： 1.B　2.B　3.D　4.B　5.D
　　　　 6.A　7.D　8.B　9.A　10.D

二、听下列对话，选择正确答案

1. 男：8点的《中华英雄》，两张。
   女：对不起，8点的票卖完了，8:40的可以吗？
   问：根据这段对话，我们可以知道什么？

2. 女：您好，我想洗照片。
   男：好的，您想洗多大的？各洗一张吗？还是按人头洗？
   问：这段对话可能发生在什么地方？

3. 男：请问一下，我的手机怎么不能打，只能接了？
   女：哦，您的余额不足了，请充值。
   问：男的的手机出什么问题了？

4. 女：您好，前些天您买了一台"爱家"牌全自动洗衣机，是吗？使用过程中有什么问题吗？
   男：没什么问题，很好用。
   问：根据这段对话，我们可以知道什么？

5. 男：我买一张这个月10号到广州的票。
   女：对不起，我们只卖7天之内的。
   问：现在可能是几号？

6. 女：师傅，能不能给我张名片，下次用车的时候再叫您。
   男：好的，有事儿您随时打电话就行。
   问：男的的职业最可能是什么？

7. 男：您想做个什么发型？这里有图片，您可以看一下。
   女：稍微烫一下，不要太大的卷，嗯，就烫这种吧。
   问：根据这段对话，我们可以知道什么？

8. 男：请问您点菜还是吃自助？点菜在一楼，自助在二楼。
   女：点菜吧。
   问：男的的职业可能是什么？

9. 女：小李，你看到楼下的通知了吗？明天要停水一天。
   男：真的吗？又修理管道吗？
   问：通知的内容是什么？

10. 女：张老师，玛丽突然胃疼得要命，怎么办啊？
    男：快打120叫医生。
    问：根据这段话，我们可以知道什么？

答案：1. B   2. B   3. D   4. D   5. C
      6. C   7. B   8. B   9. B   10. B

第十二课　业余生活

课　文

一　业余生活

玛丽：哎，山口，你哪儿来的这么多书啊？宿舍都快被你放满了。

山口：这些可都是我的"好朋友"啊，有些是我从日本带来的"老朋友"，有些是在这里刚认识的"新朋友"，有它们陪伴，我觉得生活才有意思。我常常在下课以后、睡觉以前，随手从书架上抽下一本书来，慢慢地看，那种感觉特别好，有时连睡觉也要把书放在枕头旁边，好像这样才能睡得踏实。逛书店、买书是我最大的爱好啦。

玛丽：买这么多书得花不少钱吧？特别像你这种全套精装的四大名著，肯定很贵！

山口：贵是贵点儿，可是很值得啊。每次把心爱的书买下来的时候我都高兴得不得了。你来看看，我已经有三套中国的四大名著了。

玛丽：你买这么多干吗？

山口：听我慢慢跟你说。我是在中国古代文学课上知道这四部有名的小说的，之后我的中国朋友借给我《红楼梦》的VCD看了，可谁知，我一看就着了迷，很想找原著来读，所以上次暑假回国，我就先买了日文版的四大名著，后来在北京的外文书店见到了英文版的，就又情不自禁地买下了。前几天过生日，我的好朋友送给了我一套中文版的。她说，希望我以后汉语越来越好，有一天能读懂中文版的四大名著。

玛丽：也就是你这样文静的性格使你能够静下心来好好读书，现在想想，我已经好久没有读过一本书了，呵呵，除了汉语课本。

山口：你把大把的时间都花在旅游上了啊，只要一放假，学校里准找不到你的人影儿，甚至连周末也不放过，北京的郊区快被你跑遍了吧？

玛丽：差不多了吧。旅行使我开阔眼界、放松心情。对了，山口，我还交了好多"驴友"呢，我们常常结伴一起旅行。

山口："驴友"是什么东西？

玛丽： "驴友"可不是一种东西，"驴友"就是喜欢旅行的朋友。我的第一个"驴友"是在我一个人游黄山的时候认识的——一个活泼开朗的大学生，后来，他又给我介绍了许多各地的"驴友"，从此，我的旅行再也不寂寞了。

山口： 对啊，还是几个朋友一起旅行比较有意思。玛丽，你知道中国的一句古话吗？可以概括咱们俩的爱好。

玛丽： 不知道，什么话啊？

山口： 这句话是说人的一生要"读万卷书，行万里路"。正好我们俩一个爱旅行，一个爱看书，都挺不错的嘛。

一、请仔细听课文录音，然后判断下列句子是否正确

答案：1.×　2.×　3.√　4.×　5.√　6.×　7.√　8.×

二、请再仔细听一遍课文录音，然后根据课文内容选择正确答案

1.关于山口的宿舍，我们可以知道什么？
2.山口睡觉之前常常做什么？
3.山口是怎么知道四大名著的？
4.关于山口的四大名著，下面哪一项是正确的？
5.玛丽的第一个"驴友"是在哪儿认识的？
6.根据本文猜一猜"读万卷书，行万里路"是什么意思？

答案：1.A　2.C　3.C　4.D　5.A　6.C

三、听完录音以后，请同学们自由讨论下面的两个问题

答案：略

二、集邮的故事

　　每个人都有业余爱好。在我的朋友中，有的喜欢游泳，有的热爱读书，有的酷爱下棋……而我呢，则钟情于一种既有意义又高雅的业余爱好——集邮。

　　只要一打开我的集邮册，一张张精致的邮票便展现在眼前：有景色宜人的桂林山水，有世界各地的名人，有活泼可爱的和平鸽……每次我都会看得如痴如醉。

　　说起集邮这个业余爱好，还有一段难忘的经历呢！

那是去年暑假的一天，我到表姐家玩儿。一进门，就直奔表姐的房间。我一推开门，房间里静悄悄的，向姨妈一打听，哦，原来表姐上补习班去了。这时，我发现表姐的书桌上有一本大大的、精致的集邮册，好奇心促使我走了过去，翻开了集邮册。

"啊！邮票真美。"我不禁叫了起来。表姐的邮票真是各种各样：雄伟的黄山、美丽的布达拉宫、举世闻名的天安门……我看着看着，简直看得入了神。这时，我的心中产生了一个强烈的愿望——我也要集邮！

回家的那个晚上，我一进家门就马上动手制作了一本集邮册，又从抽屉里翻出了十几张邮票，夹在里面，津津有味地欣赏起我自己的杰作来。

有一天，爸爸从外地给我带回了许多旧邮票，我像得到了心爱的宝贝一样，把它们一张一张小心翼翼地夹进了集邮册。

如今，每次收到家信，我就会端来一碗温水，把邮票从信封上剪下来，放到温水里泡上一刻钟，然后取来一支新毛笔，把邮票轻轻地刷下来，放在玻璃板上晾干后，再夹入集邮册中。

现在，我的邮票已经集了三百多张了。为了便于欣赏，我又把邮票分为名人、名胜、动物、花卉、工艺品等几类，十分美丽，看起来也特别舒服。做完功课后欣赏欣赏邮票，可以让大脑得到适当的休息。

既开阔眼界，又增长见识，更陶冶情操，这就是集邮的乐趣。

（据http://www.techan-shop.com/fanben/jxw/200603/2911.html改写）

一、请仔细听课文录音，然后判断下列句子是否正确

：1.×　2.√　3.×　4.√　5.×　6.×　7.√　8.×

二、请再仔细听一遍课文录音，然后根据课文内容选择正确答案

1.作者每次看自己的邮票时的心情是什么？

2.暑假"我"去表姐家的时候表姐在哪儿？

3."我"为什么会翻开表姐的集邮册？

4.文中提到的"我"的邮票的来源主要是什么？

5.文中提到了哪些从信上取邮票需要的工具？

6.下面哪一项不是文中提到的集邮的好处？

：1.B　2.D　3.D　4.D　5.C　6.C

三、HSK模拟练习题

一、听下列句子，选择正确答案

1. 男：不管是学钢琴还是学书法，只有真的喜欢才能学好。
   问：根据这段话，我们可以知道什么？

2. 男：人不能一年365天都工作吧？要是没有一点儿爱好，生活岂不是会很没有意思？
   问：这句话的主要意思是什么？

3. 男：现在的孩子玩儿的东西当然也不少，什么电脑游戏啦，上网啦，动画片啦，不过小朋友们能够交流的活动很少。
   问：这句话的主要意思是什么？

4. 男：我老爸经常出去喝酒，真不知道为什么。
   问：爸爸喜欢什么？

5. 男：我报了很多班，有声乐班、表演班、作文班、数学班，还有舞蹈班和形体班。总共六个，其中四个是我自己愿意报的，数学班和作文班是妈妈让我报的。
   问："我"自己喜欢上的班有哪些？

6. 男：昨晚熬夜看世界杯，今天下午又去踢球，他还精力十足，真是厉害。
   问：他的爱好是什么？

7. 女：我这孩子特别喜欢看动画片，还喜欢画画儿，他将来要是能当个动漫设计师，也挺不错的。
   问：妈妈的想法是什么？

8. 男：我从小就喜欢中国武术，这次来中国我一定要去少林寺看看。
   问："我"的爱好是什么？

9. 男：世界上有几个女孩子不爱逛街的？
   问：这句话的意思是什么？

10.他平时没什么爱好，就是喜欢逛书店，每次总要买回很多书。

问：他的爱好是什么？

答案：1.A　2.D　3.C　4.D　5.C
　　　　 6.A　7.D　8.D　9.C　10.D

二、听下列对话，选择正确答案

1. 女：咦，那些人在干什么？
   男：他们是冬泳爱好者，正在比赛呢。
   问：这段对话可能发生在什么地方？

2. 女：这是我刚出的诗集，请您批评指正。
   男：你真了不起，一边工作，还能写出这么多好作品，比好多专业作家还多产呢。
   问：根据这段对话，我们可以知道什么？

3. 女：隔壁老王唱什么呢？
   男：你不知道吗？老王是咱们小区出了名的戏迷。
   问：关于老王，我们可以知道什么？

4. 男：我们家每天晚上都要上演电视大战。
   女：为什么啊？
   男：哎，母亲喜欢国产电视剧，爱人爱看港台言情片，女儿要看动画片，我最关心新闻和体育节目。
   问：根据这段对话，我们可以知道什么？

5. 女：你最喜欢看什么书？
   男：不好说，凡是能让人热爱生活的书我都喜欢。
   问：根据这段对话，我们可以知道什么？

6. 女：爸，我找到了一份兼职，明天就去面试！
   男：学生不好好儿学习，打什么工？
   问：爸爸对打工的态度是什么？

7. 男：小李，下次公司休假咱们去哪儿旅游啊？
   女：我喜欢原始的自然风光，特别是那些还没太开发的地方。
   问：根据这段对话，小李最可能去下面哪个地方旅行？

8. 女：体育运动除了锻炼身体以外，还有什么好处呢？
   男：好处多着呢，比如很多运动可以增强人的判断力和集体意识。
   问： 男的的意思是什么？

9. 男：张姐，你孩子这件衣服是在哪儿买的啊？样子挺特别的。
   女：我自己做的，没事儿我喜欢自己做个衣服什么的，就是技术欠佳。
   问： 张女士喜欢什么？

10. 男：你歌唱得这么好，去参加电视台的那个什么……什么女声比赛吧。
    女：呵呵，就是个人爱好罢了。
    问：女的的爱好是什么？

答案： 1.A 2.D 3.A 4.C 5.D
　　　　 6.B 7.C 8.A 9.A 10.B

第十三课　你打算自己去还是跟旅行团一起去？

课　文

一、你打算自己去还是跟旅行团一起去？

女：马上就是五一了，我很想去旅游，你是旅游专家，能传授一下儿这方面的经验吗？

男：专家谈不上，你打算自己去还是跟旅行团一起去？

女：我也拿不定主意，自己去吧，自由倒是自由，可是感觉不太安全。跟旅行团吧，倒是安全，可是太受限制。

男：你说得没错，如果自己去，要考虑得比较周到才行，比如从一个城市到另一个城市，可以选择火车、高速大巴，如果距离较近的话，也可以考虑坐出租车。说起坐出租车，也还有学问呢。

女：这还有学问？说来听听。

男：你知道旅游最重要的就是安全，坐出租车最好选择那些信誉好的出租车公司的车，不要因为贪便宜在大街上随便打车。另外女孩子喜欢购物，我倒认为除非你是参加购物旅游团，否则不要购买太多的东西，因为在旅途中购物有很大的风险。

女：你说得对，我看过一些这样的报道。可是我还是喜欢到一个新的地方的时候买一些特产和小玩意儿作为礼品，至少可以让我觉得没白去一趟。

男：嗯，不要买太多就行了。再说说衣食住行。最好带那种在各种场合都可以穿的衣服，尤其是要带上一件风衣，既可以防风挡雨，也可以保暖，而且比较容易干。

女：对于食，我觉得走到哪儿就要吃到哪儿，最好把那里的美食都吃遍了。

男：对于住，因为我们出来是旅游，不是来享受，所以不用找太贵的酒店，只需要有张舒服的床就可以了，睡得好才能玩儿得好。

女：还说自己不是行家，说起来头头是道。关于交通工具，你有什么高见？

男：飞机最方便快捷，火车最有旅游的感觉。

女：谢谢指教！

一、请仔细听课文录音，然后判断下列句子是否正确

答案：1.× 2.√ 3.× 4.× 5.√ 6.√ 7.× 8.√ 9.× 10.×

二、请再仔细听一遍课文录音，然后根据课文内容选择正确答案

1. 关于自己旅行，下列哪一选项是正确的？
2. 适合长途旅行的交通工具不包括以下哪个选项？
3. 下列选项中文章没有提到的是哪个选项？
4. 坐出租车旅行应注意什么？
5. 旅行时要带风衣的原因不包括以下哪个选项？
6. 关于女的，下列哪一选项是不正确的？
7. 关于旅行，男的没提出什么建议？
8. 以下选项中，哪一项不是男的提出的建议？

答案：1.D 2.C 3.C 4.C 5.C 6.D 7.A 8.B

三、听完录音以后，请同学们自由讨论下面的两个问题

答案：略

二、节前机票保持低调　部分热门线路票价已至谷底

　　五一临近，各条旅游热门航线的机票价格成为旅客关注的焦点。记者昨天从携程旅行网以及多家机票代理点了解到，目前从上海出发飞往各地的机票行情基本稳定，截至4月28日，各航线均可申请到和平时折扣相当的机票，如飞往济南、青岛、天津、厦门等地的航线，都有4～6折不等的折扣。而飞往乌鲁木齐、西安等地，到4月下旬仍然可以申请3～4折优惠。

　　记者昨天从沪上几家机票代理点了解到，近日由于广交会的召开，前往广州、深圳的旅客比较多，机票价格一般在6折，而五一期间将调整到7折。上海至乌鲁木齐2800元全价的机票，一般代理点能打到5折，携程旅行网上则出现了价格约为840元的3折票。据了解，目前从上海至乌鲁木齐的火车卧铺票价大约为699元，3折机票已直逼火车硬卧价格。据悉，这一优惠将持续至4月28日。

相比这些线路,部分热门旅游线路现在的票价几乎跌到了谷底。比如现在去三亚的游客可以享受到4折的优惠,上海至厦门、西安也有部分3~4折的机票。不过,这些折扣较低的线路机票已经开始紧张,而五一期间要享受到5折以下的机票价格则基本不可能。但随着4月中下旬航空市场旺季的到来,机票价格难免会出现波动,国内机票价格会比现在提升10%~20%左右。

(据《新闻晨报》李宝花、白杰文改写)

一、请仔细听课文录音,然后判断下列句子是否正确

答案:1.√ 2.√ 3.× 4.× 5.√ 6.√ 7.√ 8.×

二、请再仔细听一遍课文录音,然后根据课文内容选择正确答案

1.到4月下旬仍然可以申请3~4折优惠的航线是哪一条?
2.近日,前往广州、深圳的旅客比较多的原因是什么?
3.上海至乌鲁木齐5折的机票的价格是多少?
4.从上海至乌鲁木齐的火车硬卧价格大约是多少?
5.现在票价几乎跌到了谷底的部分热门旅游线路不包括哪条?
6.以下选项中不符合文章内容的是哪个选项?

答案:1.A 2.A 3.C 4.D 5.D 6.B

三、听完录音以后,请同学们自由讨论下面的两个问题

答案:略

三、HSK模拟练习题

一、听下列句子,选择正确答案

1.哎,别提了,这次我随团旅行,被狠狠地宰了一顿。
 问:从这句话中可以知道什么?

2.一个人出门旅行,人生地不熟的,多孤单啊。再说,万一迷路了怎么办?
 问:从这句话中可以知道什么?

3. 欧洲的城市真美,我去过巴黎、伦敦,我真想再去一次,我还想去鹿特丹和阿姆斯特丹。

问:说话人想去的城市不包括哪个?

4. 他早就想来桂林看看了,这次公司组织旅游他不来才怪呢,就是下刀子也挡不住他。

问:说话人是什么意思?

5. 据说苏州有上百个园林,但没几处能看出以前的样子了。

问:说话人是什么意思?

6. 坐经济舱只能带20公斤行李,而且经济舱里空间相对窄些,不过我还是选择经济舱,票价便宜多了。

问:关于经济舱,下面哪种情况没有介绍?

7. 过去是坐火车便宜,现在机票折扣低得没的说,再说坐飞机还省时间,要不这次我们别坐火车了。

问:这句话不能说明什么?

8. 各位旅客,你们好,欢迎乘坐本次航班,本次航班从北京飞往海南,祝您旅途愉快!

问:说话人可能从事什么工作?

9. 随着4月中下旬航空市场旺季的到来,机票价格难免会出现波动。

问:这句话是什么意思?

10. 幸亏有雨,飞机推迟两小时起飞,要不然还得退换机票。

问:这句话告诉我们什么?

答案: 1.B 2.C 3.B 4.A 5.B
6.C 7.A 8.A 9.C 10.D

二、听下列对话,选择正确答案

1. 男:这家旅行社服务周到是周到,就是费用有点儿高。
女:费用是有点儿高,但据我所知,有的旅行社费用还要高许多。
问:女的是什么意思?

2. 女:从丽江回来了,这次蜜月旅行怎么样?很甜蜜吧。
男:甜蜜?才怪呢!随团旅行没劲透了。
问:从对话中我们可以知道什么?

3. 男：你帮我算算，去云南旅行一趟得花多少钱？
   女：那要看你是自己去还是随团去？
   问：女的是什么意思？

4. 女：你们这里有旅行用的背包吗？
   男：只剩这一个了，挂得有点儿脏了，要不你过两天再来看看，到时候就来新货了。
   问：对话可能发生在什么地方？

5. 男：下次你跟我一起去九寨沟吧，那儿的风景没的说。
   女：不就去了趟九寨沟嘛，瞧把你美得，都找不着北了。
   问：说话人的意思是什么？

6. 女：随团旅行一定很舒服吧，什么都是别人安排好的，既安全又省事，我真后悔这次没跟你一起去。
   男：这话应该轮到我来说，我还羡慕你呢，自己去旅行多好啊，自由自在。
   问：从对话中我们不能知道什么？

7. 女：这八千块钱都包括什么啊？
   男：来回飞机票、景点的门票、食宿费用。一句话，您交了钱就不用管了，一百个放心吧。
   问：对话可能发生在什么地方？

8. 女：听说最近从北京到香港的飞机票很难买，要提前好几天买。
   男：可不是？要不是今天有人退票，我就坐不上飞机了。
   问：从对话中我们可以知道什么？

9. 女：这是上次旅行你帮我出的机票钱。
   男：什么钱不钱的，咱俩谁跟谁呀？
   问：从对话中可以知道什么？

10. 女：要是今天早上没雾，我现在都飞到上海了。
    男：可惜天公不作美呀，不过话又说回来，在机场跟你聊这么长时间的天也挺好的。
    问：从对话中我们不能知道什么？

答案：1. C 2. D 3. D 4. B 5. D
      6. D 7. B 8. A 9. C 10. B

第十四课　汉语里的文化

课　文

一、汉语里的文化

玛丽：小云，你看这报纸上有个栏目的名字叫"品味生活"，真有意思，你跟我说过，"品"是三个口，和吃喝有关，比如品茶、品酒等等。生活怎么能被吃喝呢？

小云："品味生活"就是"体味生活的滋味"的意思。汉语里的很多字和词，由于历史的演变，和它们最开始的意思已经不完全一样了，但是常常还是有些联系的。

玛丽：对了，我又想起来一个关于"吃"这个字的问题，昨天我在外面看到一些人在下象棋，一个人赢了另一个人一个棋子的时候，他说"我吃了你"。开始我不明白，还真吓了一跳。

小云：对啊，就是"吃"的意思在这里已经发生变化了。不知道看足球的时候你注意过没有，如果运动员犯了规，裁判给他警告或者罚他下场的时候，我们中国人说他"吃了一张黄牌"或者"吃了一张红牌"。这里的"吃"和"吃饭"的"吃"也不一样。

玛丽：是听过这样的说法。还有，我第一次在中国看球的时候，突然听见旁边的中国球迷大喊："漂亮！"让我很纳闷儿，嗯？"漂亮"？他在说谁漂亮？我看了看周围，就我一个女生，难道是说我吗？可是他连看都没看我一眼，怎么会这样说呢？后来我才知道，原来"球踢得好"和"踢得漂亮"是一个意思，在感叹的时候，就常常简单、干脆只说两个字"漂亮"了。

小云：不仅仅是球踢得好叫"漂亮"，很多事情做得出色的时候都可以用"漂亮"，比如，"这件事儿办得真漂亮"、"我们打了个漂亮仗"等等。哦，再教你个成语吧。刚才你说，你以为那个男生是在说你漂亮，那你有没有想："咦，他是不是喜欢我啊？"

玛丽：呵呵，不好意思，倒真有点儿这样的想法来着。你不知道，那个男孩长得特别帅。

小云：可是人家真有那个意思吗？

玛丽：哪个意思？

第十四课 汉语里的文化

小云： 想追你的意思啊?
玛丽： 嗯,我发现了,"意思"这个词也非常有意思,我过生日的时候,一个中国朋友送我礼物时就说"一点儿小意思"。
小云： 对,"意思"在这里是指"礼品代表的心意"。你还没告诉我,他是不是真的喜欢你,想追你啊?
玛丽： 当然没有啦,估计那么帅的男生早就有女朋友了。
小云： 那么这样的情形就是你"自作多情"了。这就是我今天要教你的成语。

一、请仔细听课文录音,然后判断下列句子是否正确

答案: 1.× 2.✓ 3.✓ 4.× 5.× 6.✓ 7.× 8.✓

二、请再仔细听一遍课文录音,然后根据课文内容选择正确答案
 1.玛丽和小云聊天的时候,还在干什么?
 2.玛丽为什么被下棋的人吓了一跳?
 3."吃"了一张黄牌的"吃"是什么意思?
 4.下面四个"漂亮"中哪一个与其他三个意思不同?
 5."那个男孩对你有意思吗"中的"有意思"是什么意思?
 6.小云为什么说玛丽"自作多情"?

答案: 1.D 2.C 3.A 4.C 5.C 6.A

三、听完录音以后,请同学们自由讨论下面的两个问题

答案:略

二、我和孔融让梨的故事

孔融让梨这个故事很多人都知道,而我是在和妈妈的一次谈话中听到这个故事的。

我上幼儿园的时候特别自私,因为家里只有我一个孩子嘛,大人们都把我当成宝贝。在家里不管做什么,爷爷、奶奶、爸爸、妈妈都让着我,我只要有一点儿不顺心就大哭大闹。上了幼儿园之后我还是和在家里一样,和别的小朋友抢玩具,经常被老师批评。终于有一天,妈妈看不下去了,她用这个故事教

189

育了我。

一天下午，妈妈来幼儿园接我，给我买了一个冰淇淋，然后走了一会儿，对我说："小云，妈妈口很干，给妈妈吃一口冰淇淋好吗？"我当然不愿意，就说了一声："我也很干，不能给你吃。"说着大口吃了起来。妈妈见了，立即变得严肃起来了，她说："你从小娇生惯养，被惯坏了，一点儿也不知道谦让，我现在来给你讲讲孔融让梨的故事。"随后她带着我边走边讲：

孔融是东汉时期著名的文学家，他有五个哥哥，他是最小的。有一天，家里吃梨。一大盘梨放在大家面前，哥哥让孔融先拿。你猜，孔融拿了一个什么样的梨？他没挑好的，也没拿大的，而是拿了一个最小的。爸爸看见了，就问孔融："这么多的梨，又让你先拿，你为什么不拿大的，只拿一个最小的呢？"孔融回答说："我年纪小，应该拿个最小的，大的留给哥哥吃。"他父亲听了，哈哈大笑："好孩子，好孩子，真是一个好孩子。"孔融四岁就知道让梨，大家都称赞他。

故事中的孔融四岁就知道让梨，相比之下我太差劲了。于是马上把冰淇淋送到妈妈嘴边，说了声："妈妈，对不起，我知道错了，你快把这个冰淇淋吃了吧！"妈妈的脸上露出了一丝微笑："孩子，妈妈当然不是非要吃你的冰淇淋，而是想告诉你这个道理，叫你以后不要太自私，有好东西要谦让，先想到别人。现在你还小，改得快，如果我再放任你，等你长大后就来不及了。"

妈妈的话一字一句都深深印在我的心上，这次谈话促使我渐渐养成了谦让的好习惯，做任何事也都不再那么自私自利了。

一、请仔细听课文录音，然后判断下列句子是否正确

答案：1.× 2.✓ 3.× 4.✓ 5.✓ 6.✓ 7.× 8.×

二、请再仔细听一遍课文录音，然后根据课文内容选择正确答案

1."我"是怎么知道孔融让梨这个故事的？
2."我"为什么养成了稍有不顺心就大哭大闹的习惯？
3.那天下午，谁去幼儿园接的"我"？
4.回家的路上，妈妈给"我"买了什么？
5.孔融有几个哥哥？
6.孔融拿了一个什么样的梨？

答案：1.C 2.B 3.B 4.C 5.C 6.C

三、听完录音以后，请同学们自由讨论下面的问题

答案：略

三、HSK模拟练习题

一、听下列句子，选择正确答案

1. 男：我从小就喜欢中文，所以我的理想是做一个汉语老师。
   问："我"的理想是什么？

2. 男：我要感谢我的小学老师杨老师，我的汉语拼音是他教的，我会写的第一个汉字也是他教的。
   问：杨老师教什么？

3. 男：现在，在日常生活中，我用汉语和中国人交流一般没有问题，我很高兴。
   问：根据这段话，我们可以知道什么？

4. 男：三个人是"大众"的"众"，三个木是"森林"的"森"，汉字真有意思。
   问：下面哪个字和"众"、"森"的结构一样？

5. 男：我姓张，弓长"张"。
   问：他姓什么？

6. 男：买这本书送CD，你可以用它练习听力。
   问：买这本书送什么？

7. 男：他的HSK成绩特别好，得到了中国政府的奖学金。
   问：根据这段话，我们可以知道什么？

8. 男："三人行，必有我师"的意思是"三个人中，就一定有一个人可以当我的老师"。
   问："三人行，必有我师"的含义是什么？

9. 男：我这人就是喜欢开夜车，几乎没有一天两点以前睡觉的。
   问：他一般几点睡觉？

10.男：她虽然长得不是特别漂亮，但性格开朗、大方，周围的人都很喜欢她。
问：根据这句话，我们可以知道什么？

答案：1. C　2. C　3. B　4. D　5. B
6. A　7. C　8. D　9. C　10. B

二、听下列对话，选择正确答案

1. 女：你为什么学外语啊？
   男：我觉得学外语很好，可以到很多地方去玩儿。
   问：男的为什么要学外语？

2. 女：最近工作怎么样？
   男：还可以吧，就是常常加班。
   问：根据这段话，我们可以知道什么？

3. 女：李老师，您把手机落在我家了。
   男：哦，是啊，还好，离得不远，我马上回去拿吧。
   问：李老师回去做什么？

4. 女：这次考试考得怎么样？
   男：哎，别提了，下次努力吧。
   问：根据这段对话，我们可以知道什么？

5. 男：怎么了？好像不太高兴啊？
   女：刚才被老师批评了。
   问：根据这段对话，我们可以知道什么？

6. 女：请问，王经理在吗？
   男：您是王经理的爱人吧，王经理正在开会，一会儿让他给您回电话吧。
   问：根据这段对话，我们可以知道什么？

7. 女：让我们用掌声欢迎李中华给大家唱个歌吧！
   男：今天没有准备，唱得不好，大家见笑了。
   问：男的要做什么？

8. 女：你是哥哥，应该让着妹妹。
   男：好吧，让她先玩儿吧。

问： 根据这段对话，下面哪个选项是正确的?

9.女：你现在就饿了?
   男：是啊，早上起晚了，没来得及吃早饭。
   问：根据这段对话，下面哪个选项是正确的?

10.女：真糟糕，钱包丢了！我真不该把它随便丢在包里。
    男：现在后悔也晚了啊，以后小心点儿吧。
    问：男的是什么意思?

答案：1.D　2.C　3.C　4.C　5.B
　　　6.D　7.A　8.B　9.D　10.A

第十五课　速冻水饺怎么吃？

课　文

一、速冻水饺怎么吃？

玛丽：大卫，你看，这不是饺子吗？我最喜欢吃饺子了，咱们买点儿吧。

大卫：可是这个买回去以后怎么吃呢？我们都不会做啊。还是别买了，以后我请你到饭店吃不就行了吗？

玛丽：还能天天到饭店吃啊？那多贵啊！我们找个人问问怎么做吧，看，那位阿姨在买呢，我们就去问她吧。

大卫：我估计她说的话我们不一定能听懂，即使听懂了，回去我也不想做。多麻烦啊！要问你问吧。

玛丽：我问就我问。（对顾客）阿姨，您好，我们想买这种水饺，可是不知道怎么做，您能告诉我们一下吗？

顾客：好啊，非常简单，你回家以后，往锅里放一些水，烧开后，把冻的饺子放进去，煮熟了就可以了。

玛丽：哦，那放多少水？煮多长时间？具体应该怎么煮呢？

顾客：一锅水大概可以煮半斤左右的水饺。水开以后，把饺子放进去，搅动搅动，别让它们粘在一起，每隔几分钟搅动一次。等水开了，饺子就会浮到水面上，再煮个两三分钟，就可以捞出来吃了。

玛丽：我明白了。谢谢您。

大卫：对了，我们以前只在饭店里吃过水饺，这种和饭店里的味道一样吗？

顾客：味道差不多。平时想在家里吃水饺的话，这个比较方便，十来分钟就能吃上美味的饺子。现在城市里的人工作都很忙，很少有人自己在家包饺子了，特别是年轻人。这样的速冻食品很受欢迎，省时间啊。而且，饺子是中国的传统美食，俗话说"好吃不如饺子"嘛。

玛丽：太好了，谢谢您。（对大卫）大卫，我们多买点儿吧，回去慢慢吃。你看，这里品种很多，我们一样买一包吧。

大卫：好的，你这么喜欢水饺，想买多少就买多少吧。不过，你可记住刚才阿姨的话，回去可就看你的了。

玛丽：没问题，你就等着吃吧。
大卫：今天我们买了不少东西啊，我们带的钱会不会不够了啊？
玛丽：没关系，我们不是有银行卡嘛，这么大的超市肯定可以刷卡结账吧？
大卫：自从我们办了银行卡后，花钱好像越来越多了哦？

练习

一、请仔细听课文录音，然后判断下列句子是否正确

答案：1.√ 2.× 3.× 4.× 5.√ 6.√ 7.× 8.√

二、请再仔细听一遍课文录音，然后根据课文内容选择正确答案
1．大卫为什么不同意玛丽买速冻水饺？
2．玛丽是怎么解决不知道速冻水饺怎么吃这个问题的？
3．煮饺子的过程是什么？
4．煮速冻饺子大概要多长时间？
5．速冻水饺最大的特点是什么？
6．速冻水饺最受哪些人欢迎？

答案：1.D 2.C 3.A 4.B 5.D 6.C

三、听完录音以后，请同学们自由讨论下面的两个问题

答案：略

二、银行卡的用途和使用方法

现代生活中，人们越来越离不开各种各样的银行卡。银行卡主要有两种：信用卡和借记卡。它们的最主要的区别在于，信用卡可以透支，而借记卡则不可以。

有了银行卡，无论平时还是外出，都省去了携带现金的麻烦，既安全又方便。那么，个人如何才能得到一张银行卡呢？您只要带好本人身份证等有效证件到银行办理就可以。

如何使用银行卡呢？借记卡就是我们大多数人平时使用的普通的银行卡，需要先在您的银行卡里存上钱，才可以在该银行的柜台以及分布在各地的自动

取款机（ATM）上存取款或进行其他服务。而信用卡则可以先透支，然后在免息期内将所透支的钱存入信用卡。如果超过免息期，就要支付银行利息了。信用卡的功能非常多，一般在申领时银行工作人员会详细介绍。

目前银行卡用户可以跨行提取现金和消费。当然，跨行取款或者异地存取一般要收取一定的费用。在一些大商场、宾馆、超市等有POS机的地方，您还可以通过银行卡进行消费结账，而不必使用现金。有些银行卡还开通了电话银行、网上银行等服务。您可以通过电话或者网络查询您的账户情况或进行挂失等各种服务。

下面是银行卡使用时的一些注意事项：

一、要妥善保管好您的银行卡和取款密码，以免丢失、被盗。

二、如果银行卡不慎丢失，要尽快到银行或通过电话、网络进行挂失并及时补办新卡。

三、如果银行卡被取款机吞了，要在三日内携带有效身份证件到吞卡的自动取款机所属的银行柜台领卡。

四、如果银行卡损坏，要携带该银行卡及有效身份证件到发卡行柜台补办新卡。

一、请仔细听课文录音，然后判断下列句子是否正确

答案：1.√ 2.× 3.√ 4.× 5.× 6.× 7.× 8.×

二、请再仔细听一遍课文录音，然后根据课文内容选择正确答案

1.个人申请银行卡时，必须带的东西是什么？
2.信用卡的特点是什么？
3.商场里用银行卡进行消费结账必需的设备是什么？
4.电话银行是什么意思？
5.银行卡丢失后首先应该做什么？
6.银行卡损坏、补办新卡时，要携带什么东西？

答案：1.B 2.A 3.A 4.D 5.A 6.A

三、HSK模拟练习题

一、听下列句子，选择正确答案

1. 我喜欢游泳，也喜欢打球，其实保龄球也不错。这么说吧，凡是能锻炼身体的活动，不论什么方式我都喜欢。
   问：下列哪种活动说话人可能不喜欢？

2. 中国人习惯使用现金进行消费，随着与世界交往的增加，这个观念正在发生变化，持卡消费已得到很多人的认同。
   问：这句话的意思是什么？

3. 最近用分期付款买了台笔记本，分12个月，每个月还500块就行了。
   问：笔记本大概多少钱？

4. 信用卡每个月都有当月账单，可以让你清楚地知道自己花了哪些钱。
   问：这句话的意思是什么？

5. 现金每天大概要经过三四个人之手，可能带上很多病菌，不干净，用银行卡就可以避免这个问题了。
   问：这句话的意思是什么？

6. 昨天航班延误了5个小时，让王先生非常气愤，因为他要急着去深圳见客户呢。
   问：王先生为什么生气？

7. 最近消化不良，朋友建议我吃完饭以后慢走半个小时，你别说，还真挺管用的。
   问：根据这句话，我们可以知道什么？

8. 秋天的水果又便宜又新鲜，大家可以多买些来吃。
   问：这句话是什么意思？

9. 我估计明天小王不会来了。
   问：这句话是什么意思？

10. 我这人对钱很没数，不知道到底自己挣了多少，花了多少。
　　问：这句话是什么意思？

答案：1. A　2. B　3. B　4. C　5. C
　　　　6. B　7. B　8. A　9. D　10. C

二、听下列对话，选择正确答案

1. 男：怎么打电话比较便宜呢？
　　女：听说买IP电话卡打国际、国内长途通常会比较便宜。
　　问：根据这段对话，我们可以知道什么？

2. 男：请问，您的旗袍是在哪儿买的？我爱人很想买件旗袍，不知道什么地方卖？
　　女：哦，我这件是朋友给做的。
　　问：根据这段对话，我们可以知道什么？

3. 女：其实，我挺喜欢和街上没事儿的大爷、大妈聊天的，就是有时候他们的话带些方言，我听不大懂。
　　男：大部分还是会说普通话吧？
　　问：根据这段对话，我们可以知道什么？

4. 女：劳驾您帮我们照张相，好吗？谢谢。
　　男：好的。是按这里吗？
　　问：根据这段对话，我们可以知道什么？

5. 女：我想往美国寄张明信片。
　　男：好的，你得贴五块四的邮票。
　　问：根据这段对话，我们可以知道什么？

6. 女：请问，您进这家公司之前的日语水平怎么样？
　　男：几乎等于零吧。
　　问：男的是什么意思？

7. 男：周末我想去钓鱼，你知道什么地方比较好吗？
　　女：水库还可以吧。你喜欢钓鱼？
　　问：根据这段对话，我们可以知道什么？

8. 男：你每天花在找东西上的时间得有两个小时。
   女：没有那么夸张吧？
   问：根据这段对话，我们可以知道什么？

9. 女：我们别点太多菜了，吃不了浪费了。
   男：是啊，我们俩点两个菜就差不多了。
   问：根据这段对话，我们可以知道什么？

10. 男：终于考完试了，可以轻松一下了吧？
    女：嗯，下午让你爸爸带你出去踢球吧。
    问：根据这段对话，我们可以知道什么？

答案： 1.B 2.D 3.B 4.D 5.D
　　　　 6.B 7.B 8.D 9.C 10.B

第十六课 你听说过职业规划师吗?

课　文

一、你听说过职业规划师吗?

王丹：高飞，你是法国人，法语说得自然是不错，我知道你的英语也很好，你以前还学过西班牙语，现在又在学中文，将来是不是想做一名会说几种语言的外交官啊！

高飞：说真的，我还从来没有考虑过我将来会做什么工作呢！现在学习汉语是因为我喜欢汉语，热爱中国文化。等我毕业要找工作的时候，也许是找到什么工作就做什么工作吧。

王丹：那你心目中最理想的职业是什么？

高飞：我现在都不太清楚自己到底想做什么样的工作。

王丹：原来是这样啊，现在有人可以帮助你。

高飞：难道会有人比我更了解自己，更知道我适合做什么样的工作？

王丹：中国现在有一种新兴的职业，叫做"职业规划师"，他们先帮你找到你的优点与不足，然后寻找你的兴趣所在，分析你的性格，从而帮助你找到合适的职业或者发展道路。

高飞：有意思，这种职业我可是头一次听说呢！

王丹：职业规划师还通过一些专门的技术指导来帮助你设计面试，计划求职策略，甚至辅导你写求职信和简历。在求职路上可能会遇到的困难，他们都能给你提供帮助。

高飞：看来，他们都是专业人士啊！什么样的人才能成为这种职业规划师呢？

王丹：要想当上职业规划师可不是一件简单的事情。要经过一系列严格的专业培训，要具备心理学、管理学、社会学等多方面的知识。不仅如此，既然要指导别人的求职，他们自己要有丰富的职业经验，最好具备不同的职业或专业领域的经验。

高飞：我觉得他们还应该具有比较强的与人沟通的能力。

王丹：你说得对，这样才能取得他人的充分信任。

一、请仔细听课文录音，然后判断下列句子是否正确

答案：1. ×　2. ✓　3. ✓　4. ✓　5. ×　6. ✓　7. ×　8. ×　9. ×　10. ✓

二、请再仔细听一遍课文录音，然后根据课文内容选择正确答案

1. 为什么高飞的法语很好？
2. 高飞不会说哪种语言？
3. 高飞为什么要学习汉语？
4. 职业规划师是一种什么样的工作？
5. 职业规划师在第一步会帮助你做什么？
6. 对求职者的性格等进行分析后，职业规划师还会为你做一系列的指导，不包括以下的哪一项？
7. 职业规划师是什么性质的人员？
8. 以下哪一项不是作为一名职业规划师必备的专业知识？

答案：1. A　2. B　3. A　4. C　5. B　6. B　7. C　8. D

三、听完录音以后，请同学们自由讨论下面的两个问题

答案：略

二、血型和工作的关系

10月中旬，张小姐去上海一家外企应聘客户经理一职。经过了几轮的面试，公司负责人对张小姐的学历和各方面的表现都很满意，最后，已经同她谈到了工作后的薪金和福利问题了。但在面谈结束前，一位面试官要求她告知血型。张小姐如实地说了自己是"ＡＢ型"，结果竟因此未被录用，公司的理由为："ＡＢ型血的人情绪波动大，较难与人相处，不能胜任客户经理一职。"这让张小姐感到很不理解。难道血型和能不能做好客户经理有关吗？

杭州某保险公司日前在当地一家报纸上也刊登了这样一条招聘启事：本公司欲招聘一名员工，要求为女士，30～45岁，待人热忱，善沟通，并特别注明了要求应聘者为Ｏ型或Ｂ型血。众多应聘者对血型这条要求表示质疑。而该公司的相关人士却解释说，根据以往的经验及公司高层的长期观察，Ｏ型血的员工为人忠诚、热情、自信，对于想要得到的东西，不达目标绝不罢休，是领

导新潮流的人；B型血的员工为人坦率，具有创造性和灵活性，能轻松适应任何环境。所以，公司将血型列入了招聘条件。

其实，以血型取人并非上海的外企或者杭州的这家保险公司的所谓"经验"和"观察"成果，"血型论"源于日本，后来逐渐流传到中国和其他国家。

有学者认为，血型的确可以在一定程度上决定一个人的性格、气质。据一些科学研究证明，大多数血型为A型的人比较保守，而大多数血型为AB型的人情绪多变，这两类人都不适合做销售工作。但同样有学者认为，此说根本没有科学依据。

一、请仔细听课文录音，然后判断下列句子是否正确

答案：1.× 2.× 3.√ 4.× 5.× 6.√ 7.× 8.× 9.√ 10.×

二、请再仔细听一遍课文录音，然后根据课文内容选择正确答案
  1.张小姐大概是在什么时候去应聘的？
  2.张小姐应聘的是什么职位？
  3.公司负责人最初对张小姐的印象如何？
  4.谁要张小姐告知血型？
  5.张小姐因为何种理由没有被录取？
  6.杭州的一家保险公司在哪儿刊登了一则招聘启事？
  7.保险公司对求职者的性别和年龄有什么要求？
  8.保险公司希望招聘什么血型的工作人员？

答案：1.C 2.D 3.B 4.B 5.A 6.A 7.D 8.B

三、听完录音以后，请同学们自由讨论下面的两个问题

答案：略

三、HSK模拟练习题

一、听下列句子，选择正确答案
  1.女：请客吃饭的事以后再说吧，你的时间很紧张，我也还有工作没有做完，找一个我们都有空儿的周末再聚吧。
    问：女的是什么意思？

2. 女：一看到他的照片，我就会想起当年和小王同桌的日子，现在回忆起来还那么清晰，如果能回到那时候该多好啊！
   问：说话人和小王是什么关系？

3. 女：梨不够甜，桔子有的太酸，西瓜吃起来太麻烦，我喜欢吃又甜又香，还不麻烦的水果。
   问：女的可能喜欢吃哪种水果？

4. 女：你到了四川可是到了吃的海洋，不要说那么多又辣又香的什么水煮鱼了，辣子鸡丁了，光是各种各样的小吃就多得数都数不过来。
   问：关于四川我们知道了什么？

5. 女：你不用送我了，等我到家了给你打电话，你放心好了，现在还不到九点，马路上的人多着呢。
   问：女的准备做什么？

6. 女：这款是今年新出的，那款是去年年底出的，但是打了八折，非常合算。
   问：女的可能从事什么工作？

7. 女：嘿，小张，真看不出你还有两下子，平时不见你唱歌，今天一上台就表现得这么好！
   问：关于小张我们知道什么？

8. 女：所谓好事不出门，坏事传千里，这件不太光彩的事情，连打扫卫生的阿姨都知道了，咱们单位还能有谁不知道？
   问：说话人是什么意思？

9. 女：如果没有牛奶就给我来一杯咖啡，如果没有咖啡就给我来一杯橙汁。
   问：说话人最希望喝什么？

10. 女：要是有人愿意帮我出旅行的费用，我当然想去。我现在有的钱实在是不多了，何况还有一堆的工作要做。
    问：说话人是什么意思？

答案：1. C 2. C 3. B 4. D 5. B
　　　　6. C 7. A 8. B 9. C 10. C

二、听下列对话，选择正确答案
1. 男：既然都已经来了，就吃完饭再走吧，反正我自己也是要吃饭的，我们就一起出去吃吧。
   女：谢谢你，我很愿意吃，可事先已经和家人说好了回家吃，下次一定有机会。
   问：从对话中我们知道什么？

2. 男：你不应该这么慌乱。要记住，以后遇到这种情况，应该赶快把电源切断，而不是用水去泼。
   女：幸亏你及时赶到，要不还不知道会发生什么可怕的事情。
   问：刚才可能发生了什么事情？

3. 男：好久不见啊，今天怎么这么巧，在这里遇到了你，怎么样？这几年过得怎么样？
   女：毕业后就没有再见过你，我又读了研究生，去年就参加工作了，在一家律师事务所工作。
   问：说话人最有可能是什么关系？

4. 男：小姐，你好，我想买一个手机，你能不能帮我介绍一下儿？
   女：这儿有很多，首先，您得决定要什么价位的，再想好需要什么功能的，最后再选择您喜欢的款式。
   问：这段对话最有可能发生在什么地方？

5. 男：都十点了，你还没有化好妆啊，到底去不去了？从早上起床到现在都两个小时了。
   女：还有一个半小时婚礼才正式开始，路上用不了半个小时，还来得及。
   问：男的是什么口气？

6. 男：相对于别人来说，你认为自己应聘这个岗位有什么优势？
   女：我不仅有专业的理论知识，还有比较丰富的实践经历。曾经从事过两年的市场营销工作，从中积累了很多有用的经验。
   问：这段对话最可能发生在什么地方？

7. 男：我可不可以不打针？您还是给我开点儿药让我带回家吃吧。我的工作要求我按时上下班，不能随便请假。

女：如果可以的话，我当然想给你提供方便，可依照你的情况，我看啊，这几天你还是请假吧。

问：从对话中我们可以知道什么？

8. 男：小王，你赶紧把这份文件打出来，再复印十份，待会儿开会就要用了。

女：刘总，我手头上还有陈经理吩咐的事情没有做完，您让小张来做，行吗？

问：谁将会去复印文件？

9. 男：自己不认错就算了，怎么还要反咬一口说别人的不是，小刘也太过分了，你说是不是？

女：这个问题要一分为二地看，也不能光说全是小刘的不是，毕竟是大家一起做的嘛。

问：女的是什么意思？

10. 男：都五年不见了，你怎么还和毕业那会儿一样，一点儿没变？就是穿的衣服更职业了。你现在走到大街上保证还像以前那样，回头率百分之百。

女：你可别这么说，要真这样，我真不敢上街了。

问：从对话中我们知道了什么？

答案：1. B　2. A　3. C　4. C　5. D
　　　　6. B　7. B　8. A　9. C　10. C

第十七课　我们坐火车出行

课　文

一、我们坐火车出行

山田惠子：五一马上就快到了，要放三天假呢！你有什么安排没有？

金　相　宇：五一我要出去旅游，这两年每个五一和十一我都出去玩儿了。

山田惠子：听你这么一说，我好像想起来了，以前我不知听谁说过，你参加了一个什么旅游协会？

金　相　宇：对，就是咱学校的留学生旅游协会。我们经常组织活动，到处去旅游，大家在一起又热闹又安全，比一个人旅游好玩儿多了。一路上大家说说笑笑，走路也不觉得远，爬山也不觉得累。

山田惠子：那这个五一你准备去哪儿玩儿？

金　相　宇：我们的计划是去泰山和曲阜。泰山你一定知道，是中国最有名的山之一。曲阜离泰山不远，坐汽车只要一个小时，是孔子的老家。

山田惠子：你们准备怎么去呢？坐火车还是飞机？

金　相　宇：本来是准备坐飞机的，但是去航空公司问了一下，因为是旅游旺季，机票供不应求，所以不打折。我们大家一商量，反正坐火车也来得及，干脆就买了火车票。

山田惠子：火车票也很紧张吧？

金　相　宇：可不是嘛！好在我们提早了五天，买到了硬卧，还算幸运。我们先到济南，从那儿去泰山很方便，每隔半个小时就有一班长途汽车到泰山，走的全是高速公路，只要一个来小时。

山田惠子：爬泰山至少要用一天时间吧？你们准备在泰山住一个晚上吗？

金　相　宇：听说那儿有专门送游客到半山腰的汽车，到了半山腰还有索道。不过，我们既然是去爬山，就一定要自己爬上去。我估计爬山用不了一天，半天就够了。如果下山后时间还来得及的话，就马上坐车赶往曲阜，如果太晚了，就在泰山住下，第二天再走。

山田惠子：从曲阜回来是先到济南再回学校吗？

金 相 宇：对，一是曲阜没有火车站；二是从那儿回济南也相当方便，不到两个小时的车程；三是如果还有时间的话，我们还能在济南再玩玩儿，那儿有"天下第一泉"之称的趵突泉。考虑到火车票紧张，我们已经买好了往返票，把从济南回来的火车票也买好了。

山田惠子：你们考虑得真周到，一定能度过一个快乐的五一假期！

练习

一、请仔细听课文录音，然后判断下列句子是否正确

答案：1.√ 2.× 3.× 4.√ 5.√ 6.× 7.√ 8.√ 9.√

二、请再仔细听一遍课文录音，然后根据课文内容选择正确答案

1. 五一要放几天假？
2. 男的每个五一和十一假期都去干什么？
3. 男的参加了什么社团？
4. 为什么男的喜欢和协会的朋友们一起去旅游，以下哪项文章中没有提到？
5. 为什么飞机票很难买到？
6. 男的提早几天买的票？
7. 男的买到了什么票？
8. 从泰山去曲阜的长途汽车走的是什么路？

**答案**：1.B 2.C 3.C 4.B 5.A 6.B 7.C 8.A

三、听完录音以后，请同学们自由讨论下面的两个问题

**答案**：略

二、想不到坐火车比坐飞机更有意思

以前我旅游都是坐飞机，因为飞机很快，比较节省时间。在中国旅游，再远的地方也不需要在飞机上过夜，最多一个白天就能到达目的地了。可今年五一，我是坐火车去的泰山和曲阜。这次坐火车的旅行经历，让我感到十分新鲜，很有意思。

我和5个人一起去的,我们打的到了火车站。到那一看,别提有多少人了,好在我们事先就买好了车票。我们顺利地找到了我们这趟车的候车室,离开车还有半个小时的时间,广播里说开始检票,我们随着长长的队伍一路向前跑,拿着票找我们的车厢。真想不到是这么上火车的,那时候我终于明白了什么叫做"赶火车"。我们坐的车是空调特快的卧铺,列车员收了我们的车票,又给了我们一张卡,说是下车时再把票还给我们,这叫做"换票"。卧铺车厢分成很多个小格子,每个小格子的左右两边,分别是高、中、低三个床,两个下铺中间是一张小桌子,过道的另一边是高高的行李架,下面是茶几和两个折叠的凳子。

火车开了以后,车厢里就更热闹了。列车员推着小车走来走去,叫卖着各种各样的食品,有盒饭、牛奶什么的。不一会儿,大家就熟悉起来,好像一下子就成了老朋友,坐在一起大声聊天;大家还很热情地邀请别人尝自己带的食品,我们没有坐火车的经验,所以没有事先准备很多吃的东西,但是,事实上,我们可是一点儿都没饿着。一路上,大家都热情地邀请我们吃他们带的东西,吃了10号下铺的山东烧饼,又尝了尝12号中铺的天津麻花!

大家知道我们几个是去旅游的留学生,都热心地给我们介绍好玩儿的地方,还有当地好吃的东西。原来在中国旅游,不仅要游名胜,也要吃特色小吃。大家东一句西一句地聊,不知不觉几个小时就过去了,还一点儿也不觉得累。可是卧铺车厢晚上10点钟要熄灯,我们只好爬上了床休息,火车摇摇晃晃的,不一会儿就睡着了。如果没有列车员过来叫我们,说不定我们都会坐过了站。等我们拿着行李和车票站在济南火车站的时候才早晨6点,以前坐飞机可从来没有这么早到达过一个城市。

这次坐火车的经历,直到现在回忆起来都让我们兴奋不已。大家都商量好了,十一旅游我们还坐火车,坐火车比坐飞机更有意思!

练习

一、请仔细听课文录音,然后判断下列句子是否正确

答案:1.× 2.√ 3.√ 4.√ 5.√ 6.√ 7.× 8.√ 9.× 10.√

二、请再仔细听一遍课文录音,然后根据课文内容选择正确答案

 1."我"认为坐飞机最大的好处是什么?
 2."我"和几个朋友一同出去旅行?
 3."我们"乘坐什么交通工具去的火车站?

4."我们"是怎么买的火车票?

5."我们"坐的火车是什么火车?

6."我们"带了什么在火车上吃?

7.在中国旅游应该做什么?

8.卧铺车厢晚上几点熄灯?

：1.C　2.C　3.B　4.A　5.D　6.D　7.D　8.B

三、听完录音以后,请同学们自由讨论下面的两个问题

：略

三、HSK模拟练习题

一、听下列句子,选择正确答案

1.男：现在去国外旅游的线路很热,例如说去新马泰啊,塞班岛啊,您再考虑考虑,最迟在本月十号之前给我一个答复吧,因为我们还需要帮您办签证等手续。

问：男的在哪儿工作?

2.男：小李啊,你知道吗?山东烟台可是著名的苹果之乡啊,现在又是苹果丰收的季节,你可赶上好时候了。

问：男的是什么意思?

3.男：昨天,我第一次坐飞机。坐飞机前我充满了期待,能飞到那么高的地方,从云里往下看,一定很好玩儿。但现在,我再也不想坐飞机了,还是坐火车舒服。

问：男的第一次坐飞机前有什么感觉?

4.男：你是经理吗?我要投诉你们的03号导游,本来去云南旅游对我们来说是一段非常好的旅游,但因为他不负责任的工作态度让我对这次旅游很不满意。

问：男的是什么心情?

5.男：这里展出的文物大部分是汉朝的,还有少部分是秦朝的,最早的一件距今大概2300多年的历史。

问：男的可能是做什么工作的?

6. 男：去内蒙古草原并不比去海南岛贵多少，亲爱的，既然你很想去草原骑马，我们还是去内蒙古吧。虽然路上多花费些时间，但是我们的假期也很长，时间足够了。

　　问：男的为什么希望去内蒙古旅行？

7. 男：从深圳去广州的火车每隔一个半小时就有一趟，上一趟是12点发的，现在已经快一点了，你再等等，火车马上就会来的。

　　问：从对话中可知道什么？

8. 男：我的工作太忙了，一个月差不多有十来天的时间是在飞机上度过的，因为去看看各地分公司的经营状况，我都快成了空中飞人了。

　　问：关于男的我们知道什么？

9. 男："上有天堂，下有苏杭"，欢迎你们来到杭州，小桥流水人家，这就是风景如画的江南。

　　问：关于杭州，我们知道什么？

10. 男：今年十一，报名参加自驾游的人很多，迄今为止，报名人数已经达到了去年的两倍，也大大超过了今年五一，预计报名人数还会继续增加。

　　问：从这句话中我们知道了什么？

答案： 1. C　2. B　3. D　4. B　5. A
　　　　　　　　6. C　7. B　8. C　9. A　10. D

二、听下列对话，选择正确答案

1. 女：上次你们去青岛住在哪家宾馆？是蓝天宾馆，对不对？我们在环岛大酒店住了两晚，好是好，就是有点儿贵，后来换了东方宾馆，比环岛便宜，而且住得也很舒服。

　　男：不管你住的哪家，一定比我们的要好，我们住的海滨大饭店价格又贵服务又不好。

　　问：从对话中可以知道哪家宾馆最不好？

2. 女：我一会儿要出去一下，可我的同屋忘了带钥匙，我可不可以把房间的钥匙留在这儿，等她回来自己取？

　　男：当然可以，请告诉我您的房间号码。

　　问：男的可能是做什么的？

3. 女：听说你们昨晚很晚才回来，是几点下的飞机？
   男：本来下飞机的时间还不太晚，不到10点，可遇到了大雨，机场的出租车很不好打，好不容易打到一辆吧，中途还坏了，停下来修了二十来分钟。这一来，差不多凌晨一点才到的家。
   问：男的说话时是什么口气？

4. 女：今天早上我要来不及了，还是你开车顺路送孩子去学校吧，我自己打的先走了。
   男：我哪顺路啊，我看还是我打的，你来开车吧。
   问：谁送孩子上学？

5. 女：前两天小张、小刘他们也去青岛参加啤酒节了，你是和他们一起去的吧？
   男：我比他们晚去一天，不过在啤酒节上遇到了他们，还看到了同事小王。
   问：男的和谁一起去的青岛？

6. 女：排了一个小时的队，什么票都没有了。早知道火车票这么紧张，就应该早点预定，都到这个时候了，你说怎么办？
   男：抱怨有什么用，快想办法才是。火车票没有了，大不了坐汽车。
   问：男的可能会去做什么？

7. 女："不到长城非好汉"，你去北京登了长城没有？
   男：我当然是好汉了，而且还是好汉中的好汉，我是第一个爬上去的。
   问：从对话中，我们可以知道什么？

8. 女：行李准备好了。带了三件衣服，两条裤子，衬衣放在最上面了，给你带的是那件浅黄色的，还有……
   男：行了行了，不用你说，我自己打开行李箱不就知道了吗？
   问：男的是什么口气？

9. 女：今天看报纸，看到一则消息，说是一辆出租车为了避让正在穿越马路的一只小狗，而撞到了对面开来的一辆公交车，那辆公交车后面也接连撞坏了三辆车。
   男：我也看到了，好像还有一个骑自行车的人和一个行人受了点儿轻伤。
   问：是什么导致了这场交通事故的发生？

10.女：选择一个好的住处很不容易，不仅要住宅好，住宅周边的环境也很重要。如果有学校，小孩上学就很方便；有医院呢，就不怕突然生病了；有车站，能节省很多上下班时在路上的时间。
男：照你的想法，是不是最好还有个饭店什么的，当做自家的厨房了。
问：关于住宅周围的环境，女的没有提到的是哪一项？

答案： 1.C　2.D　3.B　4.C　5.D
　　　　6.B　7.D　8.C　9.A　10.A

第十八课　看京剧

课　文

一、看京剧

高飞：王丹，昨天我和朋友们一起去大剧院看了一场京剧。

王丹：我说怎么周日晚上的法语角不见你的人影，原来是看京剧去了，平时的法语角你可是一次都不落下。怎么突然想到要去看京剧了呢？

高飞：前两周我们不是学习了一篇关于京剧艺术的课文吗？老师还给我们看了很多漂亮的京剧服装和脸谱的照片，我当时就恨不得立刻看一场京剧。可是，这段时间老是有事，好不容易昨晚才有空儿。

王丹：终于圆了京剧梦了！感觉如何，是不是被它深深迷住了？

高飞：谁说不是呢！近三个小时的演出，我看得几乎连眼睛都不眨，一直盯着舞台。舞台上的布置虽然很简单，但京剧演员们穿的衣服、戴的头饰、拿的道具却很复杂，而且还非常漂亮。还有啊，他们不仅咿咿呀呀地唱歌，还在舞台上表演起了功夫。想不到，看京剧表演的时候还能看到中国功夫。

王丹：看你，说得这么高兴。有没有看懂昨晚的京剧演的是什么故事啊？

高飞：昨晚上演的是经典的《霸王别姬》选段，我事先查了查这部戏的介绍，讲的是中国古代一个打了败仗的英雄和自己心爱的女人告别的故事。短短的一个小故事就演了几个小时，演员们不仅说得慢，唱得慢，而且还加上了很多的动作表演。京剧台词我当然是一句也听不懂了，不过看得倒是挺高兴的。

王丹：别说你了，就是很多中国人也不见得能听懂京剧的台词。唱京剧时，很多词语的发音并不是普通话的发音。

高飞：我去的大剧院环境很好，设备也很先进。舞台中间的演员在表演，舞台两旁还有小屏幕打出字幕来，上面就是演员唱的内容。可惜我的汉语水平还不太高，不能都看懂。

王丹：这个办法真好！等你的汉语像中国人一样好了，就能全看懂了。

高飞：或者打字幕的时候也打上英语，我就能看懂了。哈哈！其实，我最后悔是没有把照相机带过去拍两张照片。我真想和京剧演员合个影呢！

王丹：别后悔了，以后看京剧的机会多的是。何况，现在还有很多京剧网站，你上网也能看京剧呢！

一、请仔细听课文录音，然后判断下列句子是否正确

答案：1.√ 2.× 3.√ 4.× 5.√ 6.√ 7.× 8.√

二、请再仔细听一遍课文录音，然后根据课文内容选择正确答案
1.高飞和谁一起去看的京剧？
2.为什么高飞要去看京剧？
3.高飞在剧院看了几个小时的京剧？
4.以下关于京剧舞台和演出服装的描述哪项是正确的？
5.以下有关京剧台词的描述，哪一项是正确的？
6.舞台两旁的屏幕播放的是什么内容？
7.高飞后悔看演出时没带什么东西去？
8.王丹建议高飞去哪儿看京剧表演？

答案：1.D 2.D 3.B 4.B 5.C 6.A 7.B 8.D

三、听完录音以后，请同学们自由讨论下面的两个问题

答案：略

二、DIY成为中小学生假日休闲新方式

就要开学了，隔了整整一个假期没有见面的好朋友马上要见面了，送给好朋友什么礼物最好呢？是送给他一个漂亮的笔记本，一支英雄牌的钢笔，还是他最喜欢吃的食品？现在，这些礼物都已经过时了。送朋友礼物，除了投其所好，送他最喜欢的东西以外，还要讲究新意，这个"新意"，既要让朋友能充分体会到你的好意，又要让他对你的礼物感到惊喜。

所以现在最流行的礼物，当数自己做的作品不可了，自己动手做，又叫

DIY。记者在采访中了解到,假期里很多中小学生尝试着动手完成了多个"工艺品",DIY成为中小学生假日休闲的新方式。据小店的老板介绍,假期他们的生意相当红火,顾客主要是中小学生,他们在这里自己设计,亲自动手制成一件件工艺品。因为是自己原创,所以每一件工艺品都是独一无二的。做一件工艺品收费大约在二十元左右。一些陶艺店也按小时收费,一般是每小时收费十五元。在济南历下区一商场四楼的陶艺吧内,记者看到多名中小学生正在制作自己的作品。一个小女孩告诉记者,她上小学五年级了,一般每周来两次,没做完的作品就放在店里留着下次来时接着做。她还自豪地告诉记者:"我已经自己做了6个作品了。"

教育专家认为,家长应该把DIY看作对孩子耐心、创造力的锻炼,应多鼓励他们参加这样的活动。因为孩子能在自娱自乐中参与进去,进而能调动思维的协调发展,同时他们在体验制作乐趣的同时,也能促进智力的开发。

一、请仔细听课文录音,然后判断下列句子是否正确

答案:1.√ 2.√ 3.× 4.× 5.√ 6.× 7.√ 8.×

二、请再仔细听一遍课文录音,然后根据课文内容选择正确答案

1.这段话主要讨论的是什么?
2.现在最流行的礼物是什么?
3.关于送给朋友的礼物,以下哪项课文中没有提到?
4."DIY"的意思是什么?
5.哪些人是DIY小店最主要的客人?
6.亲自制作一件作品大概需要多少钱?
7.记者采访的那个五年级的小姑娘已经做了多少个自己动手做的作品了?
8.以下哪项不是课文中提到的自己动手做的好处?

答案:1.B 2.D 3.C 4.C 5.A 6.B 7.D 8.B

三、听完录音以后,请同学们自由讨论下面的两个问题

答案:略

三、HSK模拟练习题

一、听下列句子，选择正确答案

1. 男：明天是你的生日，我送给你一件小礼物，礼轻情义重。希望你喜欢。
   问：男的最可能是送了一件什么礼物？

2. 男：乒乓球可是中国的国球，我觉得明天的乒乓球世锦赛，中国队一定没有问题。
   问：男的是什么口气？

3. 男：别看画家画一幅国画只要十来分钟，比画一幅油画用的时间短，可背后画家用的功夫可是一点儿都不少。俗话说，台上一分钟，台下十年功。
   问：男的是什么意思？

4. 男：您过奖了，虽然我获得了这个书画大奖，但在艺术的道路上我还有很长的路需要走。
   问：男的是什么口气？

5. 男：运动结束半个小时后，应该喝一杯白开水补充身体流失的水分，淡盐水更好，但是喝可乐、雪碧这种碳酸饮料对身体并没有什么好处。
   问：运动后最好应该喝什么？

6. 男：男士锻炼可以着重于力量的练习，女士呢，则可以做一些柔体的运动，让身体变得柔软，而不需要过多的力量训练来增加身体的肌肉。
   问：哪种运动对女士最合适？

7. 男：如果是我，就不会像你一样选择次卡，而会选择一个最经济的卡，反正是要经常去的，季卡比月卡合适，年卡是最合算的。
   问：男的会办什么卡？

8. 男：你学了快两个星期了吧？进步挺快的，不仅仰泳、蛙泳游得很好，就连难一点儿的自由泳也不错了。从明天开始我教你蝶泳。
   问：男的认为最难的是什么泳？

9. 男：别人的业余爱好都是下棋、唱京剧、养花种草什么的，我是作家，我的工作是看书写文章，可业余时间我还是喜欢看看书。

    问：男的有什么业余爱好？

10. 男：我觉得结婚以后比结婚前忙多了，就说周末吧，就再也不能舒舒服服地睡个懒觉了，要被叫起来打扫卫生、洗衣服。

    问：关于男的，我们知道什么？

答案：1. D　2. C　3. C　4. A　5. C
　　　　6. C　7. D　8. C　9. B　10. A

二、听下列对话，选择正确答案

1. 女：你们家挂了这么多的书法作品，哪一幅是你的墨宝啊，大书法家？也让我见识见识啊。

    男：哪有哪有，我只是喜欢收藏书法作品而已。

    问：从对话中我们知道什么？

2. 女：彼得，你知道文房四宝是指的是哪几样东西吗？

    男：你可别小瞧我啊，对于传统文化，我现在差不多是一个中国通了。

    问：关于彼得，我们知道什么？

3. 女：为什么这件无袖的短旗袍比那件长旗袍还贵呢？

    男：短的旗袍上有很多刺绣，都是手工的，长旗袍是机器缝制的，虽然它用的布料更多，但没有短的贵。

    问：为什么短旗袍更贵？

4. 女：你说为什么现在好多年轻人都嚷嚷着要运动、要锻炼，却从不爬楼，只坐电梯呢？

    男：谁说年轻人不喜欢运动，你没有看报纸上写吗？年轻人流行坐出租车去健身房跑步。

    问：男的是什么意思？

5. 女：今天我请大家吃晚饭，吃完再去泡吧，要不就去唱卡拉OK，你们觉得怎么样啊？

    男："与其请人吃饭，不如请人出汗"，这可是最流行的请客方式啊。

    问：男的是什么意思？

6. 女：星期天早上我早起去菜市场买菜，看到早上锻炼的都是老年人，一个年轻人都看不到。
   男：早睡早起对身体有好处，年轻人却都是晚睡晚起，他们的一天从中午，甚至下午开始。
   问：从对话中我们知道什么？

7. 女：你不是已经有两套运动服了吗，怎么还要去买？
   男：我选修了一门太极拳，想买一套传统的中式服装。我是外国人，对中式服装不太懂，你能不能陪我去买？
   问：从对话中我们知道什么？

8. 女：五一假期一过，各大旅游景点的门票就降下来了，旅行社的旅游团报价也低了很多。下一个旺季要等着五个月以后的十一来临。
   男：如果有可能，我真希望我放假比别人晚一周，好好享受一次又便宜又愉快的旅行。
   问：从这段对话中我们知道什么？

9. 女：我们好久没有一起出去吃饭了，今天是周末，我们找个安静的地方先吃个烛光晚餐，再去看一场电影怎么样？
   男：好不容易是个周末，就休息休息吧，不想自己做饭的话，我们叫外卖，一边吃一边在家里看光盘，和看电影差不多。
   问：男的是什么意思？

10. 女：今天天气好，咱们出去散散步吧，先开车去郊外，带上些吃的东西，搞一次野餐怎么样？
    男：你的主意不错，可我觉得还是骑自行车去比较好，骑车也用不了多长时间，还能一路慢慢地欣赏风景。
    问：男的认为应该怎么去郊外？

答案： 1. C 2. A 3. B 4. C 5. D
6. D 7. C 8. D 9. A 10. C

第十九课　我们都来保护环境

课　文

一、我们都来保护环境

玫　　瑰：你昨天晚上看新闻联播了吗？

金相宇：当然看了，每天我都坚持看，因为这样既能练习听力，又能了解重要新闻。

玫　　瑰：那你一定看到了那则有关环境保护的新闻，说的是防治沙漠化。

金相宇：对，我还记得新闻中说，前一段时间很多地区出现的沙尘暴天气就和越来越严重的沙漠化有关。

玫　　瑰：中国政府早就已经开始采取各种措施整治沙漠化了，像在沙漠周围种大量的树，合理利用土地等等。

金相宇：不光中国政府重视整治沙漠，沙漠化问题现在得到了全世界人民的关注。1995年开始，每年的6月17日就被定为"世界防治沙漠化和干旱日"。

玫　　瑰：啊，我原来只知道每年的6月5号是"世界环保日"，还有3月12号是"植树节"。想不到每年有这么多有关环境保护的节日。

金相宇：节日的目的是提醒大家关注环境保护，但更重要的是，我们应该切实地做一些事情来保护我们的地球。

玫　　瑰：你说得对，保护环境，不是说说而已，应该从我做起。有一条公益广告说："保护环境，人人有责。"

金相宇：你知道吗？我们学校有一个环保协会，他们经常组织各种活动。王丹就是这个协会的成员，上周我还看见他们在街上宣传，号召大家节约用水用电呢！

玫　　瑰：实际上，我们自己能做的就不少。比如说，夏天当气温低于30度的时候，就尽量不要开空调；开空调时注意把温度控制在25度以上。

金相宇：还有每年过节时，我们都会收到很多的贺卡，其实，这些贺卡同纸一样，都是用树做的！我们完全可以在网上发送电子贺卡，用这种方式向亲友表达我们的祝福，这样不仅方便，而且快捷。

玫　　瑰：这些事情都是我们在平常生活中能够做到的。对了，我突然有了一个好主意。

金相宇：什么主意？说来听听。

玫　　瑰：我们可以发动大家一起来想想保护环境的办法，每个人都把自己的办法写下来，大家互相交流。

金相宇：好主意！

一、请仔细听课文录音，然后判断下列句子是否正确

答案：1.×　2.√　3.×　4.×　5.√　6.√　7.√　8.×

二、请再仔细听一遍课文录音，然后根据课文内容选择正确答案

1.金相宇每天坚持看什么电视节目？
2.为什么金相宇坚持看电视新闻？
3.新闻中说沙尘暴天气和什么有关？
4."世界环保日"是哪一天？
5.谁参加了环保协会？
6.环保协会上周上街宣传的内容是什么？
7.开空调时要尽量把温度控制到多少度以上？
8.金相宇认为每年应该用怎样的方式向亲友表达问候？

答案：1.A　2.B　3.A　4.C　5.A　6.A　7.B　8.D

三、听完录音以后，请同学们自由讨论下面的两个问题

答案：略

二、怎样安全地使用手机

手机已成为各界人士工作和生活的重要联络工具。从保护人体健康的角度考虑，选择手机的首要因素是辐射强度低，然后再根据个人的经济和喜好决定手机的型号、生产厂家等等。

相对而言，折叠型手机比普通的直板机辐射强度低。如果收入有限，不想

买价格较贵的折叠型手机，也可以选择辐射强度低而且价位又低的无线市话，即小灵通，虽然通话质量不算理想，但可以随身携带、使用方便，而且单向收费、价格低廉，是许多工薪族非常喜爱的一种通信工具。

另外，佩带耳机也是减少辐射的一个有效的方法。因此，最好使用耳机接听电话。但在使用耳机时也要注意控制音量，防止音量过大造成耳膜损伤。

关于手机携带的位置也很有讲究。现在手机的使用已经比较普遍，手机放置的位置也各有不同，有的别在腰带上，有的放在衣服口袋里，还有的挂在胸前，很多女士也很喜欢放在随身带的包里。把手机放在衣服口袋或包里，对身体不会有什么伤害。有些穿西装的男士喜欢把手机放在上衣里边的口袋中，因为收接方便，也较安全，但由于靠近心脏，心脏很有可能受到辐射的影响。另外，很多通讯行业的小姑娘喜欢把手机挂在胸前，也会对心脏有不好的影响。

一、请仔细听课文录音，然后判断下列句子是否正确

答案：1.√ 2.√ 3.× 4.√ 5.√ 6.× 7.× 8.√

二、请再仔细听一遍课文录音，然后根据课文内容选择正确答案

1.购买手机时，我们首先应该考虑的因素是什么？
2.一般而言，哪种类型的手机最便宜？
3.关于小灵通的特点，哪一点是不对的？
4.小灵通最受哪一个群体的欢迎？
5.使用耳机接听电话，要注意什么？
6.女士一般把手机放在什么位置？
7.手机放在哪个位置对身体的影响最小？
8.最经常把手机挂在胸前的是哪一类人？

答案：1.A 2.A 3.C 4.B 5.C 6.B 7.C 8.D

三、听完录音以后，请同学们自由讨论下面的两个问题

答案：略

三、HSK模拟练习题

一、听下列句子，选择正确答案

1. 女：这是一幅漫画，上面画着一片光秃的树林，小鸟儿一边飞，一边想："我的家在哪儿？"
   问：漫画告诉了我们什么？

2. 女：以前这条小河里的水人们用来做饭；后来，人们只用这条河里的水洗衣服；可现在，人们再也不用河水了。
   问：对话说明了一个什么问题？

3. 女：不用的时候，请及时把水龙头关掉，不要让水白白地流走，多可惜啊！
   问：女的是什么意思？

4. 女：好多地方干旱缺水，用洗过菜的水涮抹布，用涮过抹布的水冲厕所。水对我们每个人来说都很宝贵，因此我们要珍惜每一滴水。
   问：女的是什么意思？

5. 女：为什么小灵通不能漫游，现在还有这么多人用它呢？不光是因为它的资费便宜，更多的人是冲着它的辐射小来的。
   问：女的认为小灵通受欢迎的最重要的原因是什么？

6. 女：最近我们这个小区感冒、咳嗽的人很多，我看哪，不仅是气候突变的原因，最近小区里面修路，空气中的灰尘特别多，这恐怕也是一个原因。
   问：关于这次感冒，女的是什么意思？

7. 女：有一个公益广告说得好，如果人类不重视爱护我们的地球，那么这世界上的最后一滴水将会是人类的眼泪。
   问：这个公益广告是什么意思？

8. 女：城市的天都是雾蒙蒙的，晚上也看不见星星，哪像农村啊，天上的星星月亮又大又明亮，等我退休以后就住到农村去，吃新鲜菜，呼吸新鲜空气，身体一定健康。
   问：女的是什么意思？

9.女：这张照片是5年前我在月牙泉拍的,现在去那儿可再也找到不到这样的风景了。

　　问：女的是什么意思?

10.女：小王最近获得了总经理的夸奖,还有一笔不菲的奖金。并不是他工作成绩突出,而是因为他的一个建议让公司每年可以在纸张上节约10%的费用呢!

　　问：小王为什么获得了奖金?

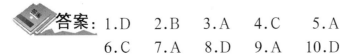

答案：1.D　2.B　3.A　4.C　5.A
　　　6.C　7.A　8.D　9.A　10.D

二、听下列对话,选择正确答案

1.男：听说国外的垃圾都是要分类包装的,可回收再利用的放在一起,不可回收的放在一起。

　女：那废弃电池就不应该与废纸、水果皮这些可回收的垃圾放在一起了。

　问：从对话中,我们可以知道什么?

2.男：看着这满山的绿色真舒服,到了山里,空气也觉得新鲜多了,人也觉得精神多了。有空的时候真应该多来山里走走。

　女：你一定不知道,在十来年前,这儿还是一片荒山呢。如果现在还是那时的样子,估计请你你也不会来。

　问：女的是什么意思?

3.男：商家们发现凡是带有"绿色"、"环保"字样的商品销路就特别好,所以现在你一进商场,满眼都是"绿色食物"、"环保产品",真的都是如他们所说的那样绿色又环保吗?

　女：当然有绿色环保产品,但是绝对不像商家说的那样什么东西都是绿色环保的。

　问：女的对绿色环保产品持什么态度?

4.男：现在城市的人口越来越多,小城市变成中等城市,中等城市变成大城市,大城市变成像纽约、巴黎、伦敦、北京等一样的特大城市,人越来越多,城市的负担也越来越重了。

　女：你说的何尝不是呢,不说别的,城市的孩子上学远、上学难就成了一个很突出的问题。

问：从对话中我们知道了什么？

5. 男：瞧我给你买回来了什么？以后看电视、用电脑的时候就穿上它，可以减少辐射。
女：你可真细心。为了肚子里我们的小宝宝，我还是应该尽量少看电视、少用电脑。
问：对话人可能是什么关系？

6. 男：这儿简直就是一个漂亮的公园，这么多高大的树木，一片片的草坪，各种各样的花。
女：我们学校特别重视绿化，几乎每个人走进校园都会有这样的感觉。
问：这段对话最可能发生在哪儿？

7. 男：如今的有车一族都愿意把家安到城外，选择一处环境好的郊区，房价也便宜。
女：工作在城市，生活在城郊。这可是一种又新鲜又时尚的生活方式啊。
问：为什么越来越多的人们选择住在郊区？

8. 男：很多包装盒上都写着"请不要随地丢弃"，这种做法真好，能随时提醒大家，不要乱扔垃圾。
女：我倒希望这句话不再出现在包装盒上，而是人们不用提醒也都能做到这些。
问：女的是什么意思？

9. 男：昨天是环保日，我看到好多戴着红领巾的小学生们上街宣传，展出了他们自己画的关于保护环境的图画。
女：我也看到了，还看到他们在捡拾路边、草丛中的垃圾，我们这些大人看到了都挺不好意思的。
问：从对话中我们知道了什么？

10. 男：你不是刚把房子装修完吗？怎么还不到三天就搬进去住了？
女：我用的是时下最流行的环保材料，虽然贵点儿，可装修完了马上就可以住进去。
问：从对话中我们知道了什么？

答案：1.D 2.C 3.D 4.C 5.A
6.C 7.A 8.B 9.C 10.B

第二十课　啤酒节有什么好看的？

课　文

一、啤酒节有什么好看的？

大卫：玛丽，你看今天的报纸了吗？青岛国际啤酒节就要举行了，就是这个周末，咱们一起去看看吧。

玛丽：啤酒节有什么好看的？我又不喝啤酒，去干什么呀？

大卫：我看报上说，啤酒节除了喝啤酒以外，还有很多别的活动，比如各种表演和娱乐节目。我们还可以顺便到青岛旅行一下啊，你不是很喜欢去海边玩儿吗？青岛可是中国有名的沿海旅游城市啊。

玛丽：是吗？你给我念念报上是怎么说的吧。

大卫：嗯，报上说了，青岛国际啤酒节始创于1991年，每年在青岛的旅游黄金季节8月的第二个周末开幕，一共16天。已经举办过17届了，每次参加的人都很多。这次的啤酒节开幕式准备了很多精彩的节目，还邀请了很多别的国家的乐队来演奏。正式开幕之后，每天在啤酒音乐广场除了演出精彩的节目之外，还有各式各样的喝啤酒大赛。不同品牌的啤酒厂商除了供应纯正的啤酒之外，还提供其他多种风味的食品。

玛丽：这样的话我倒挺想去了。不过，不知道到时候去青岛的火车票好不好买，能不能订上旅店啊。青岛我们都没去过，不知道有没有什么应该注意的事项。我们还是先找个当地人打听一下吧。别忘了，我们上次旅行就是不了解当地的气候，结果搞得水土不服呢。

大卫：嗯，小云是青岛人，我们给她打个电话问问吧。她的手机号码是多少来着？

玛丽：是13812345678。

大卫：喂，你好。是王小云吗？我是大卫。

小云：嗯，大卫，你好。有事儿吗？

大卫：我们想去青岛参加国际啤酒节，想先跟你打听一下青岛气候、住宿和交通情况。

小云：好啊！欢迎你们去青岛玩儿。青岛住宿很方便，火车站和啤酒城附近都有正规的宾馆，价格也很合理。此外还有好几处国际青年旅馆，价格便宜，而且能够提供英语服务。青岛交通非常发达，出去玩儿可以坐公交车或者打的，都很方便。你们到青岛后在火车站买张青岛市地图，这样就不会迷路了。你们想怎么去呢？火车、汽车，还是飞机？

大卫：我们想坐火车去，但是怕啤酒节前后火车票不好买。

小云：那你们就早点儿预定吧，实在买不到，坐汽车也可以啊。

大卫：青岛的气候怎么样？

小云：青岛是海滨城市，比较潮湿一点儿，没有别的问题。就是你们吃海鲜的时候注意点儿，小心水土不服拉肚子。

大卫：嗯！好的。谢谢你了，小云！我们如果有什么其他不懂的再请教你吧。

小云：没问题！祝你们玩儿得愉快！再见！

大卫：谢谢！再见！

练习

一、请仔细听课文录音，然后判断下列句子是否正确

答案：1.× 2.√ 3.× 4.× 5.× 6.√ 7.× 8.√

二、请再仔细听一遍课文录音，然后根据课文内容选择正确答案

1. 大卫是怎么知道青岛啤酒节的消息的？
2. 玛丽开始为什么不想去啤酒节？
3. 青岛啤酒节是从哪一年开始的？
4. 下面哪个节目是啤酒节的开幕式上表演的？
5. 青岛的交通情况怎么样？
6. 如果买不到火车票，小云建议他们怎么办？

答案：1.B 2.A 3.A 4.D 5.A 6.B

三、听完录音以后，请同学们自由讨论下面的两个问题

答案：略

二、水土不服有原因

去外地出差或上学,经常会遇到水土不服的问题。专家说,这也就是水土适应问题,即人体的生理状态能否与那里的气候环境相适应。一般来说,人的这种适应能力随年龄的不同而变化。1岁以下的婴儿和老年人适应能力最低,10岁以后适应能力开始增强。最强的时期是20~30岁之间。从40岁以后适应能力开始下降。

去很远的地方的时候,人们可能需要适应从一种气候到另一种气候的变化。一个健康的、具有较高适应能力的人,能够经受这种变化,对他的工作生活不会产生很大影响。而体质较弱的人就可能会遇到水土不服的问题。人类对气候条件的适应能力是有一定限度的。这是因为人体对气候的适应必须有一个过程,这个过程所需要的时间因人而异。当人体所需的适应时间不足时,就会导致不舒服和生病,也会遇到水土不服。例如,把生活在平原地区的人用飞机直接送到高山地区,他们身体的很多方面就会发生剧烈变化。当然,如果适应能力较强,也许没什么关系,否则,身体会不舒服,如头昏脑涨,恶心呕吐,严重者则可能引起心脏病等。如果让他们逐渐进入高山地区,情况可能就不会这么糟糕。这主要是因为平原气候与高山气候相差较大,需要相对较长的时间才能适应。

一个刚从温带去热带的人,出汗不如长期生活在那里的本地人多,就会感到不舒服。因为体内散热较少,体温升高,甚至因为太热而发生中暑现象。生活在潮湿多雨地方的人,刚到干燥地区,在生理上也会有一些不适反应。一般都会有口干舌燥,喝水量增多,皮肤很干等现象。同样,久住在干燥地区的人,初到潮湿地区时,也会感到全身皮肤粘湿难受。以上这些就是遇到水土不服的原因和相应的表现。

一、请仔细听课文录音,然后判断下列句子是否正确

答案:1.√ 2.× 3.× 4.× 5.√ 6.√ 7.× 8.×

二、请再仔细听一遍课文录音,然后根据课文内容选择正确答案

1.一般什么时候会发生水土不服?
2.什么时候人对环境的适应能力最强?

3. 关于人的适应能力,下面哪种说法是错误的?
4. 人对环境的适应时间不足时,一般会发生什么现象?
5. 人们逐渐从平原进入高原地区的时候,通常会怎样?
6. 下面哪项不是文中提到的可能出现水土不服的情况?

答案: 1. C   2. B   3. B   4. D   5. A   6. B

三、HSK模拟练习题

一、听下列句子,选择正确答案

1. 我明天下午回济南,T38,好像六点多到吧。
   问:朋友应该几点去接他?

2. 我现在在昆明,听说这里的小吃比较好,我们晚上准备去尝尝。明天出发回北京。
   问:她们晚上要做什么?

3. 文明是什么?为女士开门、给年老体弱的人让座位,在人多的地方彼此都让一步等等,都是文明的表现。文明是举止,是生活方式,是对每个人的尊重。
   问:这句话的主要内容是什么?

4. 真恨不得明天就是星期六,可以痛痛快快地睡懒觉了。
   问:根据这句话,我们可以知道什么?

5. 你别劝了,反正我是不去。
   问:说话人是什么意思?

6. 我看这事儿非你去不可。
   问:这句话是什么意思?

7. 昨天去找他的时候,他刚好从北京回来。
   问:这句话是什么意思?

8. 我这病没什么大不了的,过两天就会好的。
   问:这句话是什么意思?

9. 学生看场电影，一般二十块钱左右。
   问：根据这句话，我们可以知道什么？

10. 小时候，我和爷爷奶奶在农村生活。
    问：根据这句话，我们可以知道什么？

答案：1.B 2.B 3.A 4.C 5.D
　　　　6.A 7.D 8.B 9.B 10.A

二、听下列对话，选择正确答案

1. 女：您到过很多国家，在文化上您感觉差异特别大的地方，给我们讲讲好吗？
   男：欧洲不像亚洲那么热闹、繁华，欧洲相对人口比较少，没有那么拥挤。
   问：根据这段对话，我们可以知道什么？

2. 男：明天就要出发去新马泰了，第一次出国，还真有些激动。
   女：咱们先上网查查那里的情况吧，也好入乡随俗。
   问：明天他们要做什么？

3. 男：在内蒙古玩儿得怎么样？
   女：玩儿不错，就是没想到那儿十月就挺冷了，我到那儿现买了件厚衣服。
   问：根据这段对话，我们可以知道什么？

4. 女：这个周末不会再加班了吧？
   男：难说，最近公司还是很忙。
   问：根据这段对话，我们可以知道什么？

5. 女：上次你给小丽介绍的男朋友怎么样了？
   男：我看是成不了了，俩人见一次面以后再没联系过。
   问：根据这段对话，我们可以知道什么？

6. 女：难得天气这么好，我们带孩子去公园玩儿玩儿吧。
   男：我也这么想呢。
   问：根据这段对话，我们可以知道什么？

7. 男：你们结婚多久了？
   女：到今天，正好30年了。

问： 女的今年大概多大年纪？

8. 女：老李，晚上有时间吗？一起吃个饭吧。
   男：吃饭可以，酒就别喝了，最近胃不好。
   问：关于老李，我们可以知道什么？

9. 男：谢谢你们来送我，给你们添麻烦了。
   女：您太客气了，欢迎您再来中国，祝您旅途平安！
   问：这段对话可能发生在什么地方？

10. 男：新的一年就要到了，你有什么打算？
    女：我希望这一年里我能找到一份更好的工作。
    问：根据这段对话，我们可以知道什么？

答案：1. A 2. B 3. D 4. B 5. D
　　　　6. C 7. D 8. A 9. A 10. B

词汇总表

A

熬夜		áo yè	stay up late at night	밤샘하다	1

B

罢休	（动）	bàxiū	quit; give up	그만두다, 손을 놓다	16
搬	（动）	bān	move; remove	이사하다	3
版	（名）	bǎn	version	판	12
办理	（动）	bànlǐ	transact	처리하다	15
保管	（动）	bǎoguǎn	safekeep	보관하다	15
保暖	（动）	bǎonuǎn	warm up	보온하다	13
保守	（形）	bǎoshǒu	conventional	보수적이다	16
保险	（名）	bǎoxiǎn	insurance	보험	16
保证	（动）	bǎozhèng	assure; ensure	보증하다	6
悲观	（形）	bēiguān	pessimistic	비관적이다	9
逼	（动）	bī	force; compel	죄다. 강박하다	13
比例	（名）	bǐlì	portion;rate	비례	9
毕竟	（副）	bìjìng	after all	비록	8
波动	（形）	bōdòng	fluctuating; of wave motion	동요하다, 파동이 일다	13
补办	（动）	bǔbàn	additionally transact	사후에 처리하다	15
补习班		bǔxíbān	class out of school time	학원	12
不慎		bú shèn	uncarefully; without attention	부주의 하다	3
不速之客		búsùzhīkè	uninvited guest	불청객	2
布置	（动）	bùzhì	lay; dispose	설치하다, 꾸미다	18
步骤	（名）	bùzhòu	step; process	절차, 단계	2

C

裁判	（名）	cáipàn	umpire, judge	심판	14
采访	（动）	cǎifǎng	interview	취재하다	18
彩信	（名）	cǎixìn	multimedia message	컬러문자	5
菜市场	（名）	càishìchǎng	food market	야채시장	3

惨	（形）	cǎn	tragic; miserable	비참하다	7
操心		cāo xīn	bother; worry about	걱정하다	9
嘈杂	（形）	cáozá	noisy	떠들썩하다, 소란하다	7
策略	（名）	cèlüè	strategy; tactic	전술	16
察觉	（动）	chájué	be concious of ; become aware of	발견하다	5
差劲	（形）	chàjìn	bad	형편없다	14
尝试	（动）	chángshì	try; attempt	시험해 보다	18
厂家	（名）	chǎngjiā	factory	제조업자	19
场合	（名）	chǎnghé	occasion; situation	장소, 상황	13
朝代	（名）	cháodài	dynasty	왕조	4
潮流	（名）	cháoliú	trend; tide	시대의 추세	16
潮湿	（形）	cháoshī	humid; damp	축축하다	20
称赞	（动）	chēngzàn	praise; applaud	칭찬하다	14
成本	（名）	chéngběn	cost	원가	6
承担	（动）	chéngdān	hold	맡다, 책임지다	3
承受	（动）	chéngshòu	endure	감당하다	7
持	（动）	chí	hold; have	견지하다, 지속하다	5
充沛	（形）	chōngpèi	energetic	넘쳐흐르다	4
充实	（形）	chōngshí	sufficient; rich	충실하다	2
抽	（动）	chōu	spare (some time)	（시간등을） 빼다	2
抽屉	（名）	chōuti	drawer	서랍	12
出汗		chū hàn	sweat; perspire	땀이나다	20
出色	（形）	chūsè	excellent; wonderful	특출나다(특별히 훌륭하다)	14
除夕	（名）	chúxī	New Year's eve	섣달 그믐날	2
储存	（动）	chǔcún	save; store	저장하여 두다	6
传授	（动）	chuánshòu	impart; initiate	전수하다	13
创造	（动）	chuàngzào	create	창조하다	18
纯正	（形）	chúnzhèng	pure; genuine	순수하다	20
凑合	（动）	còuhe	in a concessive way	같이걷다, 함께하다	9
促进	（动）	cùjìn	promote; accelerate	촉진하다	18

促使	（动）	cùshǐ	impel; prompt	~하도록하다	12
促销	（动）	cùxiāo	promote the sale	판촉하다	5
措施	（名）	cuòshī	measure	조치	19

D

打打杀杀		dǎda shǎshā	fight	치고받으며 싸우다	6
打盹儿		dǎ dǔnr	nap; have a short sleep	토끼잠을 자다	8
打鼾	（动）	dǎhān	snore	코를 골다	8
大波浪	（名）	dàbōlàng	curly wavy hair	크게물결치는	10
大型	（形）	dàxíng	of large-scale	대형의	9
代理	（名）	dàilǐ	agency; agent	대행	13
单纯	（形）	dānchún	pure;simple	단순하다	8
单向	（形）	dānxiàng	unilateral	한 방면의-단일의	19
导致	（动）	dǎozhì	lead;result in	(어떤사태를)초래하다	7
倒时差		dǎo shíchā	adjust time difference	시차를 바꾸다	8
盗	（动）	dào	steal; rob	훔치다	15
道具	（名）	dàojù	property	무대장치에 필요한 도구	18
道理	（名）	dàolǐ	reason; argument	도리, 이치	14
灯笼	（名）	dēnglong	lantern	초롱	2
低廉	（形）	dīlián	cheap	저렴하다	19
抵抗力		dǐkànglì	resistibility	저항력	4
抵御	（动）	dǐyù	resist; withstand	막아내다	9
地位	（名）	dìwèi	position	지위	2
电子	（名）	diànzǐ	electron	전자	5
吊瓶	（名）	diàopíng	medicine bottle of fluid used for infusion	링거주사	4
调动	（动）	diàodòng	manoeuvre; transfer	동원하다	18
跌	（动）	diē	fall; drop	(물가)떨어지다, 내리다	13
订	（动）	dìng	book; reserve	예약하다, 주문하다	11
动不动	（副）	dòngbudòng	no matter what happens	걸핏하면	4
独一无二		dúyī-wú'èr	uniqueness; in a class by oneself	유일무이하다	18
度过	（动）	dùguò	spend; live through	보내다	1

E

| 耳膜 | （名） | ěrmó | eardrum | 고막 | 19 |

F

发呆		fā dāi	be in a daze	멍하게 있다	7
法宝	（名）	fǎbǎo	trump; a magic weapon	유효한 방법, 공구	5
番	（量）	fān	time	종류, 가지	10
翻盖	（名）	fāngài	clamshell (phone)	폴더핸드폰	5
凡事	（副）	fánshì	everything	무슨일이든	8
繁荣	（形）	fánróng	booming; flourished	번화하다, 번창하다	5
犯规		fàn guī	break the rule	반칙하다	14
范围	（名）	fànwéi	scale; scope	범위	9
防风	（动）	fángfēng	wind proof	바람을 막다	13
防晒	（动）	fángshài	defend the sunlight	햇빛을 막다	11
防治	（动）	fángzhì	prevent and cure	예방퇴치하다	19
房东	（名）	fángdōng	landlord	집주인	3
房卡	（名）	fángkǎ	room card	호텔키	11
放弃	（动）	fàngqì	quit; give up	포기하다	8
放任	（动）	fàngrèn	indulge; surrender oneself to	방임하다	14
放松	（动）	fàngsōng	relax; release	느슨하게하다	8
费脑筋		fèi nǎojīn	bother one's head about something	골머리를 썩다	7
分析	（动）	fēnxī	analyse	분석하다	8
氛围	（名）	fēnwéi	atmosphere	분위가	8
风味	（名）	fēngwèi	flavour	독특한 맛	20
风险	（名）	fēngxiǎn	risk; venture	위험	13
浮	（动）	fú	float	뜨다	15
福利	（名）	fúlì	welfare;well-being	복리, 복지	16
辐射	（名）	fúshè	radiation	방사	19
负责	（动）	fùzé	take charge; hold the responsibility for	책임을 지다	9

G

改	（动）	gǎi	change; transform	바뀌다, 달라지다	14
概括	（动）	gàikuò	generalize; sum up	간단하게 요약하다	12
干脆	（副）	gāncuì	directly	깨끗하게, 차라리	3
干燥	（形）	gānzào	dry	건조하다	20
尴尬	（形）	gāngà	awkward;embarrassed	곤란하다, 난처하다	5
赶	（动）	gǎn	catch (up with)	(열차, 버스따위의 시간에) 대다	17
赶紧	（副）	gǎnjǐn	in a hurry; hurrily	서둘러, 급히	4
感慨	（动）	gǎnkǎi	sigh with emotion	깊이 느끼어 탄식함	5
感染	（动）	gǎnrǎn	infect	감염 되다	4
感叹	（动）	gǎntàn	plaint, exclaim	감탄 하다	14
高见	（名）	gāojiàn	your opinion	(상대방의) 고견	13
高速	（名）	gāosù	high-speed	고속	13
高挑	（形）	gāotiǎo	tall and slim	(키가) 늘씬하다	10
高雅	（形）	gāoyǎ	elegant; gracegul	고상하고 우아하다	12
搞活动		gǎo huódòng	organize an activity (e.g. sales promotion)	행사를 벌이다	11
隔	（动）	gé	seperate	간격을 두다	1
各界	（名）	gèjiè	all circles	각 계	19
更新	（动）	gēngxīn	renovate; update	새롭게 바꾸다	5
工艺品	（名）	gōngyìpǐn	craftwork	공예품	12
功能	（名）	gōngnéng	function	기능	6
攻击	（动）	gōngjī	attack; aggress	공격하다	7
供不应求		gōngbúyìngqiú	demands exceeds supply	공급이 수요를 따르지 못한다	17
沟通	（动）	gōutōng	communicate	교류하다	16
孤独	（形）	gūdú	lonely; lonesome	외롭다	3
古代	（名）	gǔdài	antiquity; ancient times	고 대	12
古话	（名）	gǔhuà	old saying; adage	옛 말	12
固然	（副）	gùrán	no doubt; of course	물론 이지만	7

顾名思义		gùmíngsīyì	just as its name implies	글자그대로	6
瓜子脸	（名）	guāzǐliǎn	oval face	계란형 얼굴	10
挂失	（动）	guàshī	report the loss of sth.	분실신고하다	15
关注	（动）	guānzhù	pay attention to	관심을 가지다	13
观察	（动）	guānchá	observe	관찰하다, 두고보다	4
管理学		guǎnlǐxué	management	관리학	16
规划	（名）	guīhuà	program	기획	16
规模	（名）	guīmó	size;scale	규모	5
柜台	（名）	guìtái	counter	창구	15
贵重	（形）	guìzhòng	valuable; precious	귀중하다, 중요하다	11
锅	（名）	guō	pan; hollowware	냄비	15
果味	（名）	guǒwèi	fruit flavour	과일맛	11
过时	（形）	guòshí	out of date; old-fashioned	유행이 지나가다	18
过瘾		guò yǐn	enjoy sth. to one's heart's content	만족하다, 충족시키다	6

海报栏	（名）	hǎibàolán	poster shed	게시판	3
海鲜	（名）	hǎixiān	seafood	해산물	20
行情	（名）	hángqíng	market	시세, 시자가격	13
豪华	（形）	háohuá	luxurious	호화롭다	8
好意	（名）	hǎoyì	favor; kindness	호의	18
好在	（副）	hǎozài	fortunately, luckily	다행히도	17
好奇心	（名）	hàoqíxīn	curiosity	호기심	12
号召	（动）	hàozhào	call on; summon	호소하다	19
合同	（名）	hétong	contract; agreement	계약(서)	3
合租		hé zū	rent a house with another people	방을 함께 빌리다(빌리는사람)	3
何况	（副）	hékuàng	let alone	더군다나	9
恨不得	（动）	hènbude	itch to	~못하는것이 한스럽다	18
后悔	（形）	hòuhuǐ	regretful	후회하다	8

候车室	（名）	hòuchēshì	waiting room	대합실	17
呼吸道	（名）	hūxīdào	respiratory tract	호흡기관	4
划算	（动）	huásuàn	economical; cost-efficient	수지가 맞다	6
滑盖	（名）	huágài	slide(phone)	슬라이드핸드폰	5
化验单		huàyàndān	test list	화학검사 진료표	4
怀念	（动）	huáiniàn	yearn; cherish the memory of	그리워하다	1
怀疑	（动）	huáiyí	doubt	의심을 품다	5
缓解	（动）	huǎnjiě	relieve	완화하다	8
恍然大悟		huǎngrándàwù	tumble to something suddenly	문득 크게 깨닫다	5
混血儿	（名）	hùnxuè'ér	mixed blood	혼혈의	2
活力	（名）	huólì	energy; vitelity	활력, 활기	4
活泼	（形）	huópo	lively; cheerful	활발하다	12
火锅	（名）	huǒguō	chafing dish	샤브샤브	1
火灾	（名）	huǒzāi	fire accident	화재	11
获得	（动）	huòdé	get; gain	얻다(추상적인 것)	8

J

基础	（名）	jīchǔ	base;foundation	기초, 기반	9
基地	（名）	jīdì	base	기지	6
疾病	（名）	jíbìng	illness; disease	질병	4
集邮册	（名）	jíyóucè	stamp album; stamp book	우표수집용책	12
集中	（动）	jízhōng	centralize; focus	집중하다	8
季度	（名）	jìdù	quarter (of a year)	분기	3
寂寞	（形）	jìmò	lonely; lonesome	쓸쓸하다	12
家境	（名）	jiājìng	family circumstances	생활형편	9
价位	（名）	jiàwèi	price; value	가격	19
兼职	（动）	jiānzhí	take a part-time job	겸직하다	10
检票		jiǎn piào	check the ticket	표를 검사하다	17
简历	（名）	jiǎnlì	resume	이력서	16
简明扼要		jiǎnmíng èyào	be brief and hit the point	간단명료하면서도 요점이 있다	2

将信将疑		jiāngxìnjiāngyí	dubiously	반신반의하다	5
奖励	（动）	jiǎnglì	encourage	표창하다	5
降	（动）	jiàng	drop; decrease	떨어뜨리다	4
交叉	（动）	jiāochā	intersect; cross	교차하다	5
娇生惯养		jiāoshēngguànyǎng	coddle since childhood; spoil since childhood	응석받이로 자라다	14
焦点	（名）	jiāodiǎn	focus	초점	13
角度	（名）	jiǎodù	angle; point of view	각도, 관점	19
饺子	（名）	jiǎozi	dumpling	교자-만두	15
搅动	（动）	jiǎodòng	stir; agitate	뒤섞다	15
叫卖	（动）	jiàomài	hawk, peddle	소리치며 팔다	17
教育	（动）	jiàoyù	educate; instruct	교육하다	14
杰作	（名）	jiézuò	masterpiece	걸작	12
结账		jié zhàng	check-out; close off	계산하다	15
截至	（动）	jiézhì	up to	(시간적으로)에 이르다	13
介意	（动）	jièyì	mind	마음에 두다, 개의하다	2
届	（量）	jiè	quelifier (a period)	회	20
借记卡	（名）	jièjìkǎ	debit card	직불카드	15
借鉴	（动）	jièjiàn	use for reference	참고 하다	7
金发碧眼		jīnfā-bìyǎn	blonde hair and blue eyes	금발과 파란눈	10
津津有味		jīnjīnyǒuwèi	with great interest	흥미진진하다	12
尽量	（副）	jǐnliàng	to the best of one's abilities	가능한 한	4
进攻	（动）	jìngōng	attack; aggress	공격하다	6
进展	（动）	jìnzhǎn	progress; get along	진전하다	8
经营	（动）	jīngyíng	manage; run	경영하다	5
惊喜	（名）	jīngxǐ	pleasant; surprise	놀라고도 기뻐하다	18
精彩	（形）	jīngcǎi	splendid; brilliant	근사하다	10
精致	（形）	jīngzhì	delicate; refined, fine	정교하다	10
精装	（形）	jīngzhuāng	casebound; hardcover	하드커버	12
警告	（动）	jǐnggào	warn; notice	경고하다	14
境地	（名）	jìngdì	condition; circumstances	지경, 상황	5
纠纷	（名）	jiūfēn	dissension; entanglement	다툼, 분쟁	11

拘束	（形）	jūshù	restrained	어색하다, 딱딱하다	7
具体	（形）	jùtǐ	actual; concrete	구체적이다	15
剧烈	（形）	jùliè	acute; intense	격렬하다	20
剧组	（名）	jùzǔ	drama group	영화제작진	7
距离	（名）	jùlí	distance; interval	거리, 간격	13

K

开发	（动）	kāifā	develop; exploit	개발하다	18
开阔	（动）	kāikuò	widen	(생각) 넓히다	12
开朗	（形）	kāilǎng	extrovert; open	(생각, 성격) 명랑하다	3
开幕式		kāimùshì	inauguration; opering ceremony	개막식	20
开张	（动）	kāizhāng	open a business	개업하다, 개점하다	5
肯	（助动）	kěn	would like to	기꺼이 하다	2
空调	（名）	kōngtiáo	air conditioner	에어컨	17
控制	（动）	kòngzhì	control; dominate	제어하다	19
口干舌燥		kǒugānshézào	very thirsty	입이마르고 혀가 아프다	20
口味	（名）	kǒuwèi	taste	맛	11
酷爱	（动）	kù'ài	love sth. very much; be wrapped up in	매우좋아하다	12
跨行	（动）	kuàháng	cross the bank	은행을 구분하지 않고, 은행간을 뛰어넘어	15
快捷	（形）	kuàijié	shortcut	재빠르다	13
款	（名）	kuǎn	style	스타일, 양식	5

L

栏目	（名）	lánmù	column	(신문, 잡지등의)난	14
捞	（动）	lāo	drag for; fish for	(물 등의 액체속에서) 건지다	15
唠叨	（动）	láodao	chatter	잔소리하다	9
礼仪	（名）	lǐyí	etiquette;ceremony	예절, 예의	2
利息	（名）	lìxī	interest; accrual	이자	15
联络	（动）	liánluò	connect	연락하다, (우정)깊게하다	2
联手	（动）	liánshǒu	unite; associate with	제휴하다, 손을잡다	9

脸谱	（名）	liǎnpǔ	face (of Beijing Opera)	중국전통극의 배우들의 얼굴분장	18
撩	（动）	liāo	hold up; sprinkle	걷어올리다, 치켜들다	8
流传	（动）	liúchuán	come down; go round	세상에 널리 퍼지다	16
流浪	（动）	liúlàng	vagabond; wandering	방랑하다, 떠돌다	3
录用	（动）	lùyòng	employ; hire	고용하다	16
路线	（名）	lùxiàn	route; way	노선	6
轮	（量）	lún	time (qualifier)	（순서에따라）교대로하다	16
轮流	（动）	lúnliú	take turns	돌아가면서 하다	10

M

麻花	（名）	máhuā	roll of hemp flower shape	꽈배기	17
满足	（形）	mǎnzú	satisfy	만족하다	1
忙活	（动）	mánghuo	be busy with work	분주하게 일하다	2
忙碌	（形）	mánglù	busy	바쁘다	1
迷惑	（形）	míhuò	puzzling;delusive	현혹되다	6
密码	（名）	mìmǎ	code; cipher. pin (personal idertificetion number)	비밀번호	15
免息期	（名）	miǎnxīqī	grace period	무이자기간	15
明了	（形）	míngliǎo	clear	명료하다	2
模拟	（动）	mónǐ	simulate; imitate	모방하다	8
目前	（名）	mùqián	at present; now	현재	13

N

纳闷儿		nà mènr	wonder; feel puzzled	（마음에의혹이생겨）갑갑하다, 답답하다우	14
奶箱	（名）	nǎixiāng	milk box	유받는주머니	11
耐心	（名）	nàixīn	patience	인내심	18
逆境	（名）	nìjìng	adversity	역경	9
暖气	（名）	nuǎnqì	central heating	증기 난방장치	3

O

| 偶尔 | （副） | ǒu'ěr | occasionally | 이따금 | 7 |

P

拍摄	（动）	pāishè	screen; shoot	촬영하다	7
徘徊	（动）	páihuái	hesitate; wander	배회하다	2
培训	（动）	péixùn	train	훈련, 양성하다	16
培养	（动）	péiyǎng	cultivate; culture	키우다	9
配偶	（名）	pèi'ǒu	mate;spouse	배우자	9
批评	（动）	pīpíng	criticize; comment	꾸짓다. 주의를 주다	14
疲劳	（形）	píláo	tired	지치다, 피로해지다	7
品种	（名）	pǐnzhǒng	variety; sort	품종	11
平原	（名）	píngyuán	plain	평원	20
屏幕	（名）	píngmù	screen	스크린	18
破钱		pò qián	change money	큰돈을 작은돈으로 바꾸다	11
铺	（动）	pū	spread; cover	（물건）깔다	5

Q

期刊	（名）	qīkān	periodical	정기간행물	6
棋子	（名）	qízǐ	chessman	장기알	14
启示	（名）	qǐshì	inspiration; implication	깨달게해 알려주다	7
起眼	（形）	qǐyǎn	attractive	남의 눈을 끌다	5
气喘吁吁		qìchuǎnxūxū	breathe heavily	숨이가빠서 식식거리다	4
气质	（名）	qìzhì	temperament; nature	성격, 기질	16
谦让	（动）	qiānràng	yield with modesty	겸양하다	14
强度	（名）	qiángdù	intensity	강도	19
亲切	（形）	qīnqiè	kind; hospitable	친근하다	1
倾斜	（形）	qīngxié	of slope; of slant	경사지다	5
清醒	（形）	qīngxǐng	sober; clear-headed	（머리속）뚜렷하다, 분명하다	7
情不自禁		qíngbúzìjīn	can't help doing	저도모르게, 자신의 감정을 억제할 수 없다	12
情操	（名）	qíngcāo	sentiment; taste	정서	12
情绪	（名）	qíngxù	emotion; mood	기분	8

求职	（动）	qiúzhí	apply for a job	직업을 구하다	16
区别	（名）	qūbié	difference	차이다	15
缺乏	（动）	quēfá	lack; be short of	모자라다, 결핍되다	7

R

热爱	（动）	rè'ài	devote; love deeply	열렬히 사랑하다	16
热带	（名）	rèdài	tropic	열대지방	20
热火朝天		rèhuǒcháotiān	fervent; booming	열기에 차다	7
热烈	（形）	rèliè	fervent; heating	열렬하다	10
人品	（名）	rénpǐn	character; moral quality	인품	9
人士	（名）	rénshì	famous person; public figure	인사	19
人影	（名）	rényǐng	shadow of people	사람의 모습	18
认可	（动）	rènkě	ratify; certificate	인정하다	5
如实	（动）	rúshí	be in accordance with the facts	사실과 같다, 여실히	16
入神		rù shén	attentive	마음을 뺏기다, 넋을 잃다	12
睿智	（形）	ruìzhì	sagacious	사물을 꿰뚫어보는 지혜	8

S

沙尘暴	（名）	shāchénbào	sandstorm	황사	19
沙漠	（名）	shāmò	desert	사막	19
姗姗来迟		shānshānláichí	be late	느릿느릿하다, 어슬렁어슬렁걸어오다	6
擅自	（副）	shànzì	in a bold way; unauthorized	제멋대로, 독단적으로	11
伤害	（动）	shānghài	harm; hurt	손상시키다	19
上得厅堂，下得厨房		shàngde tīngtáng, xiàde chúfáng	be elegant in public and good at cooking	일과 집안일 모두 성공적으로 해내야한다	9
上门	（动）	shàngmén	door-to-door serve	방문하다	11
上心		shàng xīn	concerned; regardful	정신을 차리다	9
烧(水)	（动）	shāo(shuǐ)	boil	끓이다	15
烧饼	（名）	shāobing	clay oven roll/baked roll	샤오빙(산동성의 명물)	17

稍微	（副）	shāowēi	little; in some sort	다소, 좀	8
奢侈	（形）	shēchǐ	extravagant; luxurious	사치하다	9
设备	（名）	shèbèi	equipment;facility	설비, 시설	2
设计	（动）	shèjì	design	계획하다, 구상하다	16
设施	（名）	shèshī	establishment, facilities	시설	11
社会学	（名）	shèhuìxué	sociology	사회학	16
涉及	（动）	shèjí	relate to; deal with	관련되다	9
摄氏	（名）	shèshì	celsius	섭씨	7
摄影	（动）	shèyǐng	take a photograph	촬영하다	10
身份证	（名）	shēnfènzhèng	identification card (ID card)	신분증	15
审美	（名）	shěnměi	taste	심미 - 아름다움을 살펴 찾다	4
生理	（名）	shēnglǐ	physiology	생리	20
胜地	（名）	shèngdì	famous scenic spot; resort	명승지	10
省	（动）	shěng	save; economize	아끼다	6
失态	（动）	shītài	gaffe; malpractice	추태를 부리다	7
失望	（动）	shīwàng	despair; despond	낙담하다, 실망하다	8
十全十美		shíquán-shíměi	beauideal, perfect in every way	완전무결하여 나무랄데 가없다	8
食欲	（名）	shíyù	appetite	식욕	4
始创	（动）	shǐchuàng	originally begin	창시하다, 시작하다	20
士兵	（名）	shìbīng	soldier	병사, 사병	6
市话	（名）	shìhuà	local call	시내전화	19
事先	（名）	shìxiān	in advance; beforehand	사전	3
事宜	（名）	shìyí	matters concerned	사무	7
试探	（动）	shìtàn	attempt; try	(상대의 의사, 반응)떠보다, 알아보다	2
适当	（形）	shìdàng	proper; appropriate	알맞다, 적당하다	8
收取	（动）	shōuqǔ	take	받다	3
收养	（动）	shōuyǎng	adopt	맡아서 기르다	3
收音机	（名）	shōuyīnjī	radio	라디오	1
书法	（名）	shūfǎ	calligraphy; handwriting	서예	10
熟	（形）	shú	cooked; ripe	(음식이) 익다	15

数据	（名）	shùjù	data	데이터, 통계수치	9
甩	（动）	shuǎi	to lose one's love (usually be refused by his/her sweet heart)	차이다	7
水土不服		shuǐtǔbùfú	be not accustomed to the natural environment	자연환경과 기후가 맞지 않다	20
顺畅	（形）	shùnchàng	smooth	순조롭다, 막힘이없다	8
顺境	（名）	shùnjìng	well-off condition	좋은환경	9
顺心	（形）	shùnxīn	satisfactory	뜻대로되다	8
顺延	（动）	shùnyán	postpone	순서에따라 연장하다 순연하다	11
瞬间	（名）	shùnjiān	a minute; a moment	순간	2
速冻	（形）	sùdòng	deep frozen	급속냉동하다	15
酸奶	（名）	suānnǎi	yoghourt	플레인 요구르트	11
随机	（形）	suíjī	random	무작위의, 임의의	9
随身	（形）	suíshēn	be taken with; protable	몸에 지니다, 휴대하다	19
损坏	（动）	sǔnhuài	damage; destory	훼손시키다, 손상시키다	11
损伤	（动）	sǔnshāng	damage; injure	손상되다	19
缩短	（动）	suōduǎn	shorten; abridge	단축하다	2
索道	（名）	suǒdào	ropeway	케이블	17

T

台词	（名）	táicí	actor's line	대사	18
贪	（动）	tān	be anxious to do sth.; be greeedy	욕심을 부리다	13
摊牌	（动）	tānpái	put one's cards on the table	자신의 패를 상대에게 내보이다	7
谈判	（名）	tánpàn	negotiate	담판	7
坦率	（形）	tǎnshuài	frank; honest	솔직담백하다	16
陶冶	（动）	táoyě	edify; cultivate; nurture	(인성, 품성)연마하다	12
陶艺	（名）	táoyì	pottery arts	도예	18

特产	（名）	tèchǎn	special local product	특산물	13
特快	（名）	tèkuài	express	특급열차	17
提升	（动）	tíshēng	advance; upgrade	끌어올리다	13
提醒	（动）	tíxǐng	remind of; put in mind of	주의를 환기시키다	19
体会	（动）	tǐhuì	experience	체득하다, 이해하다	18
体温	（名）	tǐwēn	body heat; temperature	체온	4
体现	（动）	tǐxiàn	materialize; incarnate	구현하다	9
体验	（动）	tǐyàn	experience; learn through practice	체험하다	18
体质	（名）	tǐzhì	constitution	체력	20
调整	（动）	tiáozhěng	adjust; regulate	조정하다	13
通牒	（名）	tōngdié	issue a diplomatic note	통첩	7
通信	（名）	tōngxìn	communication	통신	2
痛苦	（形）	tòngkǔ	painful; bitter	괴롭다, 고통스럽다	8
头饰	（名）	tóushì	headgear; headware	머리장식품	18
头头是道		tóutóushìdào	clear and logical	말이나 행동이 하나하나 사리에 들어맞다	13
投诉	（动）	tóusù	appeal	고소하다, 소송하다	6
透支	（动）	tòuzhī	overdraft	가불하다	15
突发性		tūfāxìng	emergency	돌발성	11
土	（形）	tǔ	old-fashioned; out of date	촌스럽다	6
推荐	（动）	tuījiàn	recommend	추천하다	4
吞	（动）	tūn	swallow; gulp	(통째로)삼키다	15
拖	（动）	tuō	delay; drag	(시간을)끌다, 지연시키다	4
妥善	（形）	tuǒshàn	careful; proper	적절하다	15

W

外交官	（名）	wàijiāoguān	diplomat	외교관	16
完善	（形）	wánshàn	consummate;perfect	완벽하다	6
玩意儿	（名）	wányìr	plaything	물건, 사물	13
旺盛	（形）	wàngshèng	blooming; energetic	왕성하다	4

微笑	（动）	wēixiào	smile	미소(하다)	14
委屈	（形）	wěiqu	unfair	(부당한대우에) 억울해하다	8
温带	（名）	wēndài	temperate zone	온대지방	20
温柔	（形）	wēnróu	soft; gentle	따뜻하고 상냥하다	9
稳定	（形）	wěndìng	stable	안정하다	9
问卷	（动）	wènjuàn	questionnaire	설문하다	9
无能为力		wúnéngwéilì	helpless	무능해서 아무일도 못하다	8
无线	（名）	wúxiàn	radio; wireless	무선	19
物业	（名）	wùyè	estate; property	가옥등의 부동산	3

X

悉	（动）	xī	report	잘 알다	13
熄灯		xī dēng	put off the light	소등하다	17
喜气洋洋		xǐqìyángyáng	immersed in a jaunty atmosphere	즐거움이 충만하다	2
下场		xià chǎng	leaving the playing field	(운동선수가) 퇴장하다	14
下棋		xià qí	play chess	장기, 바둑을 두다	12
下象棋		xià xiàngqí	play Chinese chess	장기를 두다	14
下旬	（名）	xiàxún	the last ten-day of a month	하순	11
下载	（动）	xiàzài	download	다운로드하다	6
舷窗	（名）	xiánchuāng	porthole	비행기 창문	8
显示	（动）	xiǎnshì	show; reveal	뚜렷하게 나타내 보이다	9
限度	（名）	xiàndù	limit; bound	한계	20
陷入	（动）	xiànrù	get into; plunge	(불리한상황에) 빠지다	8
馅饼	（名）	xiànbǐng	pie	속이찬 빵	6
献	（动）	xiàn	dedicate; offer	나타내다, 보이다	5
相亲		xiāng qīn	have a blind date	선을보다	9
相册	（名）	xiàngcè	album	앨범	10
项目	（名）	xiàngmù	item; program	사항, 항옥	8
消毒		xiāo dú	disinfect; sanitize	소독하다	11
消炎药		xiāoyán yào	anti-inflammatory drug	소염제	11

小巧	（形）	xiǎoqiǎo	artful small and exquisite	작고깜찍하다	5
效果	（名）	xiàoguǒ	effect	효과	4
效率	（名）	xiàolǜ	efficiency	효율	2
协调	（动）	xiétiáo	coordinate; harmonize	협조하다	18
协会	（名）	xiéhuì	association; union	협회, 동아리	17
心理学	（名）	xīnlǐxué	psychology	심리학	16
心脏病		xīnzàngbìng	heart attack	심장병	20
新鲜	（形）	xīnxiān	novel; fresh	새롭다	17
新兴	（形）	xīnxīng	new-born	신흥의, 새로일어난	16
新意	（名）	xīnyì	novelty and originality	성의	18
薪金	（名）	xīnjīn	stipend; salary	봉급	16
信用卡	（名）	xìnyòngkǎ	credit card	신용카드	15
信誉	（名）	xìnyù	reputation	신망	13
行李架	（名）	xínglijià	carrier; rack	짐놓는장소	17
型号	（名）	xínghào	pattern	모델형	5
凶器	（名）	xiōngqì	lethal weapon; weapon used by criminal	흉기	7
休闲	（名）	xiūxián	relaxation	휴식오락활동	18
绣花		xiù huā	embroider	（도안, 그림) 수놓다	10
宣传	（动）	xuānchuán	publicize; propagandize	선전하다	19
喧闹	（形）	xuānnào	noisy	떠들썩하다	3
选修	（动）	xuǎnxiū	take a selective course	선택과목으로 이수하다	1
训练	（动）	xùnliàn	train; educate	훈련하다	6

Y

亚健康	（名）	yà-jiànkāng	sub-health	건강을 뒤로하다-2번째에 두다	7
严肃	（形）	yánsù	serious; solemn	（표정, 분위기) 엄숙하다, 근엄하다	14
沿海	（名）	yánhǎi	by the sea	연해지방	20

眼界	（名）	yǎnjiè	scope; horizon	시야, 견문	12
眼前	（名）	yǎnqián	present; now	눈앞, 현재	8
演变	（动）	yǎnbiàn	evolve	변화 발전하다	14
养	（动）	yǎng	raise; grow	기르다	1
邀请	（动）	yāoqǐng	invite	초청하다, 초대하다	17
摇	（动）	yáo	shake; wave	(좌우로) 흔들다	10
摇晃	（动）	yáohuàng	swag; roll	흔들흔들하다	17
要命		yào mìng	extremely	심하다(상황, 상태가 극에 달하다)	4
业务	（名）	yèwù	business; transaction	업무	2
依旧	（副）	yījiù	still; as of old	여전하다	8
宜	（动）	yí	suit; be right to	적당하다, 적합하다	7
异地	（名）	yìdì	foreign, different area	타향	15
意味	（名）	yìwèi	meaning; implicate	의미	8
因人而异		yīnrén'éryì	be different with different people	사람에 따라 다르다	20
因素	（名）	yīnsù	factor	요소, 조건	3
引	（动）	yǐn	attract	자아내다, 야기하다	7
婴儿	（名）	yīng'ér	baby	영아, 간난애	20
营养	（名）	yíngyǎng	nutrition	영양	11
影子	（名）	yǐngzi	shadow; silhouette	그림자	9
硬卧	（名）	yìngwò	couchette; a build-in bed on a train or a ship	침대칸	3 17
拥挤	（形）	yōngjǐ	crowded	붐비다, 혼잡하다	
优惠	（形）	yōuhuì	beneficial	특혜의	13
幽默感	（名）	yōumògǎn	sense of humour	유머감각	9
幽雅	（形）	yōuyǎ	quiet and elegant	그윽하고 품위있다	7
有效	（动）	yǒuxiào	become effective	효력이 있다	2
诱惑	（动）	yòuhuò	lure; tempt	유혹하다	9
诱人	（动）	yòurén	attract;lure	사람을 꾀다	6
预约	（动）	yùyuē	make an appointment	예약하다	2

原创	（动）	yuánchuàng	original work	오리지널창작	18
原味	（名）	yuánwèi	original flavour	원래의 맛	11
原著	（名）	yuánzhù	original work	원작	12
圆溜溜	（形）	yuánliūliū	round	（눈따위가）똥글똥글한모양	3
圆梦		yuán mèng	realization of a dream	꿈을 품다 - 소원을 풀다	18
晕车药		yūnchē yào	anti-carsickness drug	멀미약	11

Z

暂时	（副）	zànshí	temporary; for a while	잠시	10
责任	（名）	zérèn	responsibility	책임	3
眨	（动）	zhǎ	blink; wink	（눈을）깜박거리다	18
粘	（动）	zhān	adhibit; stick to	달라붙다	15
展示	（动）	zhǎnshì	show; bring forth	펼쳐보이다	10
占	（动）	zhàn	occupy, stick to	차지하다	9
战胜	（动）	zhànshèng	conquer; overcome	이겨내다, 극복하다	4
招聘	（动）	zhāopìn	invite applications for a job; job offers	모집하다	16
着迷	（动）	zháomí	captivate; enchant	~에 사로잡히다	12
折叠	（动）	zhédié	collapse	접다	17
折扣	（名）	zhékòu	discount	할인	13
珍惜	（动）	zhēnxī	cherish	소중히 여기다	1
枕头	（名）	zhěntou	pillow	베게	12
镇静	（形）	zhènjìng	calm; sedate	냉정하다, 침착하다	7
争取	（动）	zhēngqǔ	try for; strive for	얻다, 획득하다	1
争执	（动）	zhēngzhí	quarrel; fight	의견충돌이 일어나다	7
拯救	（动）	zhěngjiù	save	구하다, 구제하다	5
整治	（动）	zhěngzhì	renovate; repair	정비하다, 보수하다	19
正式	（形）	zhèngshì	formal	정식의	10
支付	（动）	zhīfù	pay	지불하다	6
直板	（名）	zhíbǎn	bar(phone)	바 형핸드폰	5
指挥	（动）	zhǐhuī	command; direct	지휘하다	6

制订	（动）	zhìdìng	set down; establish	（계획）세우다	1
质疑	（动）	zhìyí	doubt	질의하다 - 의문을 제기하다	16
致残	（动）	zhìcán	cause deformity/disability	불구가 되다	7
智力	（名）	zhìlì	intelligence; wit	지력	18
中介	（名）	zhōngjiè	agency	중개	3
中式	（形）	zhōngshì	Chinese style	중국풍의	2
忠诚	（形）	zhōngchéng	faithful; loyal	충실하다	16
终身大事		zhōngshēn dàshì	a great event for life	일생의 큰일(결혼)	9
钟情	（动）	zhōngqíng	be in deep love with	애정을 기울이다	12
中暑		zhòng shǔ	heatstroke; sunstroke	더위먹다	20
周到	（形）	zhōudào	thorough; considerate	빈틈없다	13
周密	（形）	zhōumì	careful; thorough	주도면밀하다	2
周全	（形）	zhōuquán	complete; entire	완전하다, 빈틈없다	2
煮	（动）	zhǔ	boil; cook	익히다	15
注重	（动）	zhùzhòng	pay attention to	중시하다	7
专家	（名）	zhuānjiā	expert	전문가	20
装饰	（动、名）	zhuāngshì	decorate; decoration	장식(하다)	2
咨询	（动）	zīxún	consult	자문하다	7
姿势	（名）	zīshì	pose; posture	자세	8
自动取款机		zìdòng qǔkuǎnjī	Automatic Teller Machine	자동지급기	15
自觉	（形）	zìjué	self-knowledged self-conscious	자각하다, 스스로 느끼다	9
自律	（动）	zìlǜ	self-disciplined	자율하다, 스스로 단속하다	9
自私	（形）	zìsī	selfish	가자다	14
自娱自乐		zìyúzìlè	self-entertainment	스스로 즐기다	18
自责	（动）	zìzé	self-abuse; remorse	자책하다	8
自作多情		zìzuòduōqíng	take love for granted by oneself	스스로 많은감정을 가지다	14
组织	（动）	zǔzhī	organize	조직하다	1
遵守	（动）	zūnshǒu	abide; obey	준수하다, 지키다	11
左邻右舍		zuǒlín-yòushè	neighbour	인근, 이웃	5

专名

霸王别姬	Bàwáng Bié Jī	Farewell My Concubine, name of a drama	패왕별희(경극제목)	18
趵突泉	Bàotū Quán	Baotu Spring (name of a spring)	바오투취엔 - 표돌천	17
贝克汉姆	Bèikèhànmǔ	Beckham (name of a person)	데이비드 베컴	10
布达拉宫	Bùdálāgōng	Potala Palace	라싸의 부다라궁	12
东汉	Dōng Hàn	Donghan Dynasty	동한 - '한' 후기	14
黄山	Huáng Shān	Yellow Mountain	황산	12
济南	Jǐnán	Jinan (name of a place)	제남	17
孔融让梨	Kǒng Róng ràng lí	Kong Ru gives up the biggest pear	'공융양리' 중국의 동화책	14
啤酒城	Píjiǔ Chéng	Beer City	각 국가의 맥주를 모아놓은 곳	20
啤酒音乐广场	Píjiǔ Yīnyuè Guǎngchǎng	Beer Music Square	맥주음악광장	20
青岛国际啤酒节	Qīngdǎo Guójì Píjiǔ Jié	Qingdao International Beer Festival	청도국제맥주축제	20
曲阜	Qūfù	Qufu (name of a place)	취푸 - 공자묘	17
泰山	Tài Shān	Mountain Tai (name of a mountain)	태산	17
唐代	Táng Dài	Tang Dynasty	당나라, 당대	4
淘宝	Táobǎo	Taobao	타오바오, 중국 최대 인터넷마켓	6
天安门	Tiān'ānmén	Tian'anmen	천안문	12
新闻联播	Xīnwén Liánbō	News Broadcast	뉴스네트워크	19
杨贵妃	Yáng Guìfēi	Lady Yang(high-ranked imperial concubine)	양귀비, 당 현종의 비	4

| 易趣 | Yìqù | Ebay | 이취넷, 미국 인터넷 경매업체의 중국 자회사 | 6 |
| 卓越 | Zhuóyuè | Joyo | 추우어왕짠, 중국인터넷 마켓 | 6 |